觅·境

——旧时光里的上海滩

邱力立 编著

机械工业出版社
CHINA MACHINE PRESS

若没有参观过上海老建筑，上海之行就是有缺憾的。本书是由一名老建筑爱好者，通过实地摄影与记录，通过探究、考证与查阅，描绘了一幅上海老建筑的经纬地图，讲述建筑背后的历史故事和名人掌故。本书适合旅游爱好者、摄影爱好者、建筑爱好者，以及美术、建筑、历史等专业的学生阅读和使用。

图书在版编目（CIP）数据

觅·境：旧时光里的上海滩 / 邱力立编著 .—北京：机械工业出版社，2018.7（2025.1 重印）

ISBN 978-7-111-60770-0

Ⅰ. ①觅…　Ⅱ. ①邱…　Ⅲ. ①古建筑–介绍–上海　Ⅳ. ① K928.71

中国版本图书馆 CIP 数据核字（2018）第 196487 号

机械工业出版社（北京市百万庄大街 22 号　邮政编码 100037）
策划编辑：刘志刚　责任编辑：刘志刚　於　薇
责任校对：刘时光　责任印制：李　昂
封面设计：张　静
北京中科印刷有限公司印刷
2025 年 1 月第 1 版第 3 次印刷
145mm × 210mm · 8.125 印张 · 260 千字
标准书号：ISBN 978-7-111-60770-0
定价：59.00 元

电话服务　　　　　　　　　网络服务
客服电话：010-88361066　机　工　官　网：www.cmpbook.com
　　　　　010-88379833　机　工　官　博：weibo.com/cmp1952
　　　　　010-68326294　金　　书　　网：www.golden-book.com
封底无防伪标均为盗版　机工教育服务网：www.cmpedu.com

序

邱力立编著的新书即将出版，他请我写序，我很高兴。

我对上海近代建筑研究有近四十年的历史，感情深厚。我有幸于1988年参加《上海近代建筑史稿》的编写，这是在陈从周、章明等十几位同志历经三年调研资料的基础上，经过整理后编写的。由上海三联书店出版后，社会各界与驻沪外国机构反响热烈，陈从周教授获悉后很高兴，他在序中说："我们开始工作时，上海保存着的近代建筑为数尚多，遗留下来的档案完整，许多人士还珍藏着当初建筑建成时的照片。更可喜的是，建筑界的一些'耆旧'尚健在，便利了我们的访问，也提供了历史资料、调查线索，这些都是我们工作的有利因素。如今事隔三十年，要想做也没有和那时一样的条件了。"陈教授的话告诫我们，抢救上海近代建筑历史文化迫在眉睫。

20世纪80年代开始，上海地区通过土地批租、土地拍卖和吸引外资获得了资金，启动了城市基础设施建设，造高架建地铁、旧城旧里改造，使上海城市在跃上建设新台阶的同时也具备了国际一流城市的硬件设施。上海市政府审视了经济发展的大势，在经过广泛调查研究后，于2017年2月，上海房地产政策从"拆改留，以拆为主，转变为留改拆，以留为主"。上海城市发展与历史建筑保护并举的重大举措，为上海城市建设健康发展指明了方向。

在大拆大建的年代里，我与广大市民一起竭力为保护上海近代建筑出力，拍摄了大批即将消失的老建筑照片，编写出版了一批上海老洋房、老公寓、老石库门、老医院、老学校、老工厂、老仓库的书籍并通过各种讲座等活动，使更多读者了解上海近代建筑，以致热爱上海近代建筑。

为什么要保护上海近代建筑？因为它具有历史、科学和艺术价值。建筑是社会和经济发展的产物，镌刻着时代的烙印；建筑更是人们生活、学习和工作的场所，留下过各种人物曾经的足迹；上海近代红色文化、海派文化都依附于这些近代建筑中。有人说上海近代建筑是殖民文化的产物不值得保护，不错，近代上海曾经被外国列强辟为租界，这段耻辱的历史我们永远不能忘记，但同时我们也应看到西方科学文化在对摧毁腐朽的封建主义，推动社会文明和经济发展上确实也起到过一定的推动作用。当时上海的高楼大厦、公寓、洋房和工厂、仓库、码头等近代建筑虽说大部分是由外国人投资、外国建筑师设计的，但同时我们也可以自豪地说绝大部分近代建筑都是由中国营造工人建造的，一砖一瓦、一个构件、一个配件大部分出自于他们勤劳的双手。中国建筑师虽在当时外国建筑师“一统天下”的夹缝中生存，但是他们用精湛的技艺设计出的建筑项目也丝毫不亚于外国建筑师！

上海近代建筑，造就了上海大都市，是具有海派文化特色的建筑。我生在上海，长在上海，我深深地热爱着它。

我看到很多年轻人也开始喜爱上海近代建筑并在其中收获满满。这几年随着一批老建筑的消失，人们开始更关心这些“生活在我们这座城市中的长者”。与此同时，上海市政府也加大了对优秀历史建筑的保护，公布了优秀历史建筑、不可移动文物保护点和历史风貌保护区名单。广大市民积极参加各种讲座等活动，有些人还通过自发手绘老建筑，走街串巷拍摄老建筑，记录下上海的城市记忆。“爱我上海，从了解上海开始”。许多市民通过各种活动，了解在自己身边、弄堂周围，尤其是在弄堂深处的精致老建筑，通过阅读去感悟这些老建筑曾经的动人往事。热爱老建筑，有的人可能会误认为是老年人怀旧的心态，这可不对！我曾接待过五批来自全国各地的大学生，他们自费参加旅行社组织的活动，被上海近代建筑深深吸引。学生们走出课堂，“走马路、进弄堂、访住户”，体验上海近代建筑的魅力。

写微博和微信，年轻人是网络世界生力军。前几年，我在网上看到邱力立很活跃，经常会发一些老建筑的照片和博客，还在网上开了自己的小专栏。主要专题是上海老建筑，他的博文不是简单的罗列，而是“有头有尾”的叙述。由于他对上海历史与典故的熟悉，我起初认为他可能是一位年长者，后来当我知晓他是位1984年出生的年轻人时顿感惊讶！后来在活动中我认识了他，他很谦虚，正是这种虚心好学的态度使他进步很快。

随着史料的积累，他编著的书稿已完成，这是水到渠成的事，我衷心地祝贺他。

娄承浩

2018年5月

前　言

上海近代建筑是上海开埠后历史进程的一个缩影，在其间读者不光能看到各种风格各异、造型美观的历史建筑，更能品味到深藏在这些建筑背后的历史人文底蕴，这次十分荣幸能有机会出版本书，旨在将上海近代百年建筑这幅绚丽多彩的画卷通过书籍的形式全方位地呈现给读者，让更多的朋友们都能领略到蕴含在上海近代建筑中的这份精彩。

在本书中，读者既能欣赏到各种由笔者自己拍摄的老建筑照片，又能品读到许多引人入胜的老上海历史传奇。既可以把本书当成一本游览上海各历史风貌区的导游指南，又可以把它作为一本学习上海近代历史的启蒙读物。老上海人可以在此书中找到年轻时的记忆，其他城市的朋友们也可以通过此书更好地了解上海。可以说，通俗易懂又不失专业是本书的主要特色。

另外，写书毕竟和写微博不同，需要在文字的把握上更加严谨，因此在本书有关“历史内容的叙述”上，笔者严格坚守“多正史、少戏说”的原则，书中涉及的各类历史掌故，笔者均是在查阅了相关专业书籍及当事人的回忆文字后再做整理并落笔的，哪怕是对同一段历史，笔者也会尽可能地多找些专业读物来参考比对。此外，笔者还在本书中针对某些建筑的“历史空白点”适当加入了少量平时走街串巷搜集后整理出来的“老住户口述”内容，阅读起来也是别有一番滋味。为了对读者负责，即便只是业余爱好者，笔者也要尽力专业地来做，期待各位读者能在阅读此书后通过各种方式提出宝贵意见；也希望读者在阅读完此书后，更加喜爱上海这座拥有着丰富历史人文底蕴且又海纳百川、朝气蓬勃的城市。

邱力立

2018年4月

目　录

第1章

『潮流』——现代派风格

现代派建筑整体风格：表现形式简洁，注重实际功能，设计布局自由，摒弃以往繁复的建筑装饰。20世纪30年代，钢筋混凝土结构在上海建筑领域被普遍使用后，逐渐风靡开来。

1 “麦特赫司脱路”上的“麦特赫司脱大楼”

麦特赫司脱大楼（摄于2018.2.11）

建筑地址： 南京西路934号（交通：地铁2号线/12号线/13号线“南京西路”站下车，步行5分钟到达）

建筑特色： 大楼沿马路转角建造，钢筋混凝土结构，平面呈八字形，外观简洁，中部突起、两边稍低，外立面呈现出纵横线条相交的感官，融合了现代主义和装饰艺术派建筑的风格。

建筑历史及相关掌故： 泰兴大楼位于泰兴路南京西路路口，原名“麦特赫司脱大楼”，因门前这条泰兴路的旧名“麦特赫司脱路”而得名。

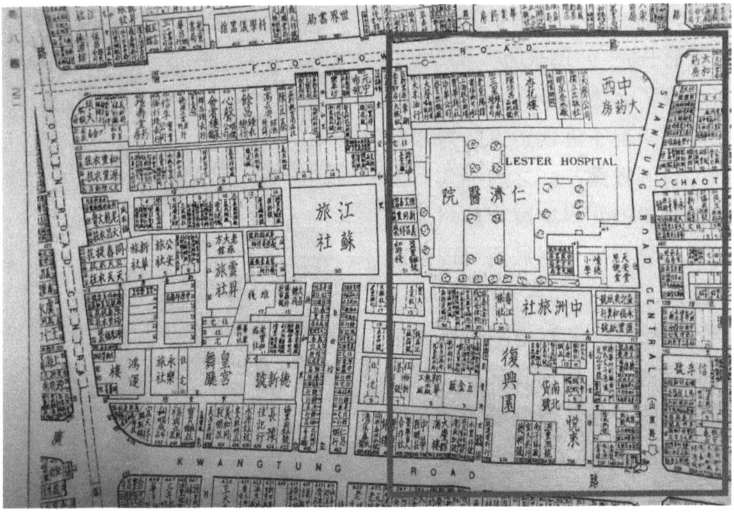

“麦家圈”的大致范围

“麦特赫司脱”是“Medhurst”的中文音译，来源于上海历史上一对鼎鼎大名的父子“麦都思”（父/ Walter Henry Medhurst）和“麦华陀”（子/ Jr. Walter Henry Medhurst）。我们在老上海历史掌故中经常能看到“麦家圈”（大约是现在山东中路，从福州路至广东路一带），就是因这位“麦都思”先生及其家族曾居住在此而得名的。后来，“仁济医院”也迁至“麦家圈”内。

麦都思为英国基督教伦敦会（后文简称“伦敦会”）传教士，早年曾在东南亚“马六甲”（现马来西亚马六甲州）及“巴达维亚”（现印度尼西亚雅加达）等地传教，上海开埠前后来沪，曾创办

大境阁（墨海书馆曾在此创办，摄于2018.2.18）

被誉为中国最早的编译出版机构之一的“墨海书馆”。该书馆最初在上海老城厢的“大境阁”创办，后迁至“麦家圈”内。“用牛拉动印刷机印书”的书馆工作场景曾一度被传为佳话。

后来伦敦会为了纪念麦都思，特意在命名新办学校时将该校中文名从麦都思和伦敦会中各取一字，这就是现在“继光中

学”的前身“麦伦中学”（初称“麦伦书院”）的来历。

除了上述内容外，麦都思的名声还来自于近代史上颇为知名的“青浦教案”。之后不久，上海英租界的北界扩展到苏州河以南，西界拓展至泥城浜（现西藏中路），其范围进一步拓展。

麦都思之子麦华陀也是一个不简单的人。他随父来沪后，曾担任英国首任驻沪领事巴富尔的翻译，后来他本人也曾担任上海领事，期间曾参与过抵御太平天国军进攻上海的一系列防务事宜，是淮军入沪驻防的参与者之一。在1862—1865年英租界内马路名称制定的过程中，他的作用也十分突出（如南北走向一般以中国的省名来命名，东西走向一般以中国的城市名来命名，有些路名一直沿用到现在）。此外，现在“格致中学”的前身“格致书院”的创办人名单中也有他的名字。

上海开埠后，这对父子在许多领域内都留下了印记，是在上海近代史上既有影响又颇具“争议”的人物。

麦伦中学师生合影资料

工部局格致公学（前身为格致书院）

仰视麦特赫司脱大楼（摄于2017.2.19）

“麦特赫司脱大楼”所属地块据说在1881—1908年时曾为老晋隆洋行（颐中烟草公司前身）的所在地，该洋行后来靠卷烟生意而发家。但另也有说法称，老晋隆洋行的行址是在现南京东路，因南京西路与东路一字之差而混淆。

“麦特赫司脱大楼”最初的产权人为英商恒业地产公司。该地产公司约成立于1930年，同之前的“沙逊”“哈同”“万国储蓄会”“普益地产”等相比，其在地产领域确实只算得上是一个晚辈。据说当年“恒业地产”的“如意算盘”是这样的：先用通过第一轮小范围集资后的部分资金组建自己的地产公司；然后再以公司的名义发行股票或债券，从而进行第二轮更大规模的集资；把“蛋糕做大”后再置地造房，正式进军沪上地产业并以此获利。这其实也是当时沪上其他很多地产公司发家的路数之一。归根到底，20世纪20年代开始，国内战争不断，而租界内受到战争的影响相对较小，凡有一定经济实力的家庭或机构为安全考虑，多会选择在租界内置业或是投资。从四面八方而来的资金源源不断地涌向租界内，由此导致了租界的“畸形繁荣”。

“麦特赫司脱大楼”的建筑设计方新瑞和洋行当时在沪上建筑领域也是十分知名的。诸如礼查饭店（今浦江饭店）、兰心大戏院（茂名南路长乐路路口）、原建设大楼（福州路江西中路岔口三巨头之一）、大北电报公司大楼（现延安东路电信博物馆，近外滩）、华洋德律风公司大楼（江西中路电信营业厅）等，都是出自新瑞和洋行设计团队之手。20世纪30年代后，该洋行改名为建兴洋行。

“麦特赫司脱大楼”竣工于1934年，由新申营造厂负责建造，占地2.15亩，建筑面积8837平方米。大楼呈八字形，融合了现代主义和装饰艺术派建筑风格。进入大楼后，门厅内有电梯间，楼梯在电梯后；楼内有一室、一室半、三室半、四室等多种户型；北部每层各有一个长内廊式单元，房间内多设有壁炉和壁橱。大楼建成后主要用来出租。知名的住户有医学家、仁济医院院长兼泌尿科主任陈邦典。

20世纪50年代，麦特赫司脱大楼先是被中华企业公司接手经营，1956年后再被移交房管部门接管。如今泰兴大楼主要作为居民楼使用，有些中小企业也会选择入

麦特赫司脱大楼一角（摄于2017.2.19）

麦特赫司脱大楼的门厅和电梯间
（摄于2017.2.19）

驻楼内办公。

链接阅读

仁济医院：位于今山东中路145号，近福州路。此地块在上海开埠后被基督教伦敦会传教士麦都思所圈进，故而又被称为“麦家圈”。19世纪中期，由伦敦会另一传教士雒魏林创办的仁济医院迁入此处。

如今，我们能看到的仁济医院主体建筑为1926 年在接受德和洋行老板雷士德名下的基金会捐款后开始兴建，1931年建成并交付使用，现代主义风格。该医院在当时被称为“苏州河以南，穷人可以前往就诊的医院”。

仁济医院（摄于2016.9.3）

仁济医院室内楼梯（摄于2016.9.3）

仁济医院室外楼梯（摄于2016.9.3）

浦江饭店外景（摄于2016.8.28）

浦江饭店：黄浦路15号（过外白渡桥往北，右边即是）。

该饭店1846年由英国侨民礼查创办（据说原址在现金陵东路靠外滩一带），故原名为“礼查饭店”。1856年，外白渡桥的前身韦尔斯桥建成后，礼查饭店迁到桥北岸并建造新楼（非现楼）。

1860年，英国商人史密斯接手后，其硬件设施有了较大幅度的提升，许多西方先进技术（如电话、电灯、自来水、电影“影戏”等）在进入中国后便即刻在这里呈现。进入20世纪后，饭店为应对外白渡桥改建及与当时位于外滩的汇中饭店竞争等缘故，先于1906年在拆除旧楼后重建了一幢五层楼房（现金山大楼），后又于1907—1910年紧贴五层楼房再建六层豪华新楼。新楼由新瑞和洋行设计，新古典主

外白渡桥（摄于2018.1.12）

义风格，建成后与汇中饭店、客利饭店等共同成为当时上海最好的饭店。

礼查饭店是一家易主十分频繁的饭店，自史密斯后又先后成为汇中洋行、香港上海大酒店有限公司旗下的产业。有学者还提出过，从史密斯到汇中洋行之间，礼查饭店还曾被其他侨民接手的说法。扑朔迷离的历史使得至今我们也无法确定究竟是在哪位业主时期礼查饭店建造了新楼。在礼查饭店的历史上，曾有许多名人光临于此，如美国前总统格兰特、哲学家罗素、科学家爱因斯坦、喜剧表演艺术家卓别林等。1959年，礼查饭店更名为“浦江饭店”。2017年12月31日，浦江饭店落下帷幕。该建筑今后如何，让我们拭目以待。

浦江饭店孔雀厅（摄于2015.10.3）

浦江饭店回廊式中庭（摄于2015.10.3）

2. 听老住户口述“希勒公寓”往事

希勒公寓（一）（摄于2017.1.20）

建筑地址：茂名南路112~124号（近南昌路）（交通：地铁1号线/10号线/12号线“陕西南路”站下，步行约10~15分钟到达）

建筑特色：钢筋混凝土结构，现代派风格，外立面贴有米色面砖，窗洞周围做仿石装饰线脚，阳台出挑较大，内部楼梯盘旋而上，显得美观而又大气。

希勒公寓内部楼梯（摄于2016年）

建筑历史及相关掌故： 钟和公寓，原名希勒公寓，20世纪30年代建造。在一次与该公寓老住户的交谈中，我有幸了解到一些有关该公寓的历史往事。

老住户讲："这幢公寓原来是一位希腊老板投资建造的，故而取其谐音，称之为'希勒公寓'。很多人把紧贴在该公寓旁、马路转角的那幢公寓也当成是'希勒公寓'，但其实是两幢。转角口那幢与对面的'南昌大楼'为同一家开发商建造。这位希腊老板原来的生意主要集中在虹口。1937年'八一三'淞沪会战时，苏州河以北成为战区，希腊老板开始将其生意的重心移至苏州河以南相对稳定的租界内。希勒公寓建造的时间很长，大约在1937年抗战全面爆发的前几年就已经开始建造了，'八一三'淞沪会战时，苏州河以南的租界内也一度陷入'战争'的恐慌之中，故而该公寓建造中止，直到会战结束后才又重新开工，直到20世纪30年代末才全面竣工。现在我们能看到楼梯间的空间很大，这是当时希腊人留着准备安装电梯时使用的，后因经济拮据而未能安装。希勒公寓建成后，底层主要用作仓库或店面出租，重庆公寓原来的业主'朱老板'就曾经租用过底层店面。"笔者推测，这位"朱老板"有可能就是中法实业银行买办

希勒公寓（二）（摄于2017.1.20）

朱鲁异。现复兴中路"从淡水路到重庆南路段"的花园公寓（原派克公寓）和重庆公寓（原吕班公寓）最初都是朱鲁异家族的产业。

除底层外，希勒公寓其余楼面主要作"出租公寓"使用，在1949年前，这里的住户大多都是西方侨民，中国人很少。老住户还讲："据我了解，杜月笙的某位公子就曾经在这里居住过。后来，可能是由于年岁渐长的缘故，希腊老板逐步把他的产业交给了他的外甥（或是侄子）管理，我们都亲切地管这位外甥叫'阿思密'，后来这幢公寓也主要是靠这位'阿思密'来打理的……"公寓现今依然维持原先的基本格局，除底楼用作出租店铺外，其他楼层仍主要作为居民楼使用。

老人的讲述引发了笔者无限的遐想，记得媒体上曾经刊登过一篇《拉摩斯密信》的文章，文章中提到的地点是虹口区的北川公寓（原名拉摩斯公寓），时间发

生在“20世纪30年代”，信件的内容据翻译者的推测可能涉及一位在津沪两地希腊烟草商，“虹口”“30年代”“希腊人”这三要素不禁让笔者联想起上述“希勒公寓”的那位希腊开发商。当时在沪的希腊人应该不会太多，能有经济实力从事地产开发的更是屈指可数，老住户提到的与《拉摩斯密信》中所提到的希腊人是否为同一人？两者之间是否存在着什么关联？一切的疑问使笔者对这幢老公寓产生了更多的好奇和想象，一幢鲜有掌故记载的、谜一样的公寓，期待能有更多有关于它的故事“浮出水面”。

链 接 阅 读

北川公寓：四川北路2079~2099号（近多伦路），原名“拉摩斯公寓”，由外商拉摩斯于20世纪20年代投资建造（有学者认为拉摩斯即“电影大王”西班牙人雷玛斯），鲁迅、冯雪峰于30年代初曾在此居住。日军侵占上海后，为“纪念”被义士尹奉吉在虹口公园（现鲁迅公园）炸死的陆军大将白川义则，而将此楼一度改名为“白川公寓”。后因此楼身处北四川路（四川北路的旧称），又被改名为“北川公寓”。20世纪70年代时，该公寓建过加层。

北川公寓属折中主义风格（各

希勒公寓内的楼梯（摄于2016.8.25）

北川公寓（摄于2015.10.18）

北川公寓直棂式楼梯（摄于2015.10.18）

种元素结合的建筑风格），其内楼梯，在直棂式护栏上饰有形似橄榄叶的花纹，显得美观典雅。

南昌大楼位于南昌路294~316号、茂名南路151号（南昌路茂名南路路口），原名“阿斯屈来特公寓”，1933年竣工，由外籍建筑师列文设计，平面呈现“V”字形，外立面镶贴有黄绿相间的面砖，主入口上方的门楣与其顶部突出的尖塔装饰艺术派风格浓郁。

花园公寓位于复兴中路455号，近淡水路，原名“派克公寓”，1926年建造，最初为中法实业银行买办朱鲁异家族的产业。

公寓整体为折中主义风格，立面为纵三段式，设通常的水平向檐口和线脚，底层外立面做清水砖墙，以上部分局部做简化的古典样式装饰。

重庆公寓位于重庆南路185号（复兴中路重庆南路路口），原名“吕班公寓”（重庆南路旧称吕班路），1931年竣工，最初同为中

南昌大楼（摄于2015.2.8）

南昌大楼门楣（摄于2015.2.8）

法实业银行买办朱鲁异家族产业。公寓转角处主入口立面设挑出阳台，壁柱上部女儿墙为装饰艺术派风格，楼内铸铁楼梯盘旋而上，大气又不失典雅。

花园公寓（摄于2018.2.4）

花园公寓古典样式装饰（摄于2014.8.30）

重庆公寓（摄于2016.2.12）

重庆公寓铸铁楼梯（摄于2015.9.3）

3. “中国摩根”陈光甫与他的“小小银行”

原上海商业储蓄银行大楼（摄于2017.9.8）

建筑地址： 宁波路40~50号江西中路368号（交通：地铁2号线/10号线“南京东路”站下，步行约10~15分钟）

建筑特色： 钢筋混凝土结构，以现代派风格为主，外观为深褐色面砖并饰以装饰艺术派特征的白色水平线脚装饰。中国元素是整个大楼最大的亮点，除顶部设有一座两层重檐歇山顶（亦称为“九脊顶”，除正脊、垂脊外，还有四条戗脊，在等级上仅次于重檐庑殿顶）中国传统样式建筑外，内部楼梯栏杆上图案也流露出浓郁的中国特色。

原上海商业储蓄银行大楼顶端的中国元素——两层重檐歇山顶（摄于2017.9.8）

建筑历史及相关掌故：“十万资本，七名办事人员”，在20世纪10年代的上海，要想以如此规模开办一家银行，对于当时大多数人而言简直就是一个天方夜谭，而陈光甫和他的上海商业储蓄银行不仅做到了，还把它经营到了极致。试问奇迹如何铸就，且听笔者缓缓道来。

上海商业储蓄银行曾与当时的“浙江兴业银行”“浙江实业银行”并称为“南三行”，由庄得之、陈光甫等人于1915年6月创办于当时宁波路9号的一栋石库门内。初创时因规模极小，故而又被称为“小小银行”。陈光甫在该行的发展中贡献最为突出，他与同事们通过一系列努力使得这个“小小银行”在开办仅十余年后就一跃成为中国金融界的大鳄，他本人也因此被誉为“中国摩根”。

上海商业储蓄银行的“成功秘诀”即便放到百年后的今天，也同样是非常值得借鉴的。笔者在此总结如下：

1．服务至上。陈光甫在该行创办后即独辟蹊径地把“服务社会”作为该行的行训。陈光甫曾说：“一行之成败，实全系于办理手续人员之是否优良。行员服务顾客，必先和颜悦色，方能博其同情，否则稍有不当，或盛气、或慢客，均可使顾客裹足不前而视本行为畏途。”他对银行柜面人员有三项基本要求：和气待人、手续敏捷、不嫌烦琐。这些在当时同业者看来滑稽可笑的规定，却在无形间为该行打开了通向成功的大门。就在该行的服务誉满沪上后，其他银行也开始争相效仿。

2．降低门槛。银行虽然是财富的象征，但同样也可以为社会中下层群体服务。为此，陈光甫又前无古人地开创了“一元储蓄”，即只需满1元即可到上海商业储蓄银行进行储蓄。消息一出，上海商业储蓄银行门前即刻门庭若市。虽无法估算陈光甫此举究竟能为他的银行带来多少经济上的收益，但事实证明，此举所引发的“广告效应”却是陈光甫等银行高层所愿意看到的，该行也确实因此而声名鹊起。上海商业储蓄银行此举同样也招来了同业者的“耻笑”。一次，一位“储户”拿出“大洋”100元要求在该行柜面开办100个存折。陈光甫对此不以为然，叮嘱柜面人员耐心细致地对该“储户”的要求“照单全收”，结果又在社会上被传为美谈，“广告效应”再次显现。

3．人才培养。陈光甫早年留学美国，回国后曾先后担任过南洋劝业会外事科长，以及当时江苏银行总经理等职。在金融领域内本身就是一把好手的他，在积极聘请专家作为顾问的同时也十分注重后备人才的培养。笔者在查阅有关上海商业储蓄银行的史料时，就不止一次地发现该行高级职员被派往欧美发达国家进行学习深造的记录。陈光甫在人才的培养与选拔上要求极高，除了金融以外，还要求银行的所有员工必须学会研究商情，对于各部门的主要负责人员更是“严厉苛刻”到“务必通才”的境地。该行为此从20世纪20年代后期起还定期刊行《金融商情周报》《海光》等刊物，以帮助行内的每位员工尽可能地做到全面提升。

4. 创新业务。20世纪10年代后的上海金融业竞争激烈，可谓“逆水行舟，不进则退”。陈光甫深谙此道，他的上海商业储蓄银行自开办起便推出各类新兴业务以吸引客户。在上海商业储蓄银行这里，客户不用担心“九八规元”[⊖]之烦，因为在该行，无论是银两还是银元都可以开户；也不用担心因没有道契（土地凭证）或其他有价证券而做不成抵押，因为在该行，客户的有价货物同样也可以作为抵押品；更不用担心因“天各一方”而错失与“世界连接”的渠道，因为在该行有“国外汇兑”业务……这些业务虽说在当时或之后的上海也并非其一家独有，但不可否认，上海商业储蓄银行在这些新兴业务的推行时间上确实是相对走在前列的。除此之外，该行还在1923年为拓展银行业务成立了“旅游部（社）”。陈光甫对此举曾解释道：“本行欲往某地发展，先在某地办旅行社，取得社会人士同情后再设银行，故谓旅行社为银行之先锋。”

上海商业储蓄银行训练班师生合影

5. 广结善缘。陈光甫的人脉关系网也是成就他事业的一项不可或缺的因素。在他的这张网中，有当时名满

⊖ 1933年，实行“废两改元”前，在上海对于“银两”或“银圆”价值换算的一种虚拟单位，由于换算比较复杂因此造成诸多不便，是当时金融不统一的突出表现之一。

中国金融界的张嘉璈（中国银行）和李馥荪（浙江实业银行），也有蒋介石，更有他起初看不起后来又“冰释前嫌”的“帮会大佬”杜月笙。1916年在中国银行上海分行抵制北洋政府“停兑令”最紧要的关头，陈光甫果断出手，正是他与业内同仁们的“一纸诉状”，才使得宋汉章与张嘉璈两人得以安然留在中行直至“抵制”的最后胜利（当时相关法律中有“银行经理在被起诉期间不得离任”的条文）。1927年3月，蒋介石的北伐大军兵锋直指上海后，又是陈光甫多方奔走，助蒋筹得各类款项无数，一解其“囊中羞涩”之急，为南京国民政府的成立奠定了坚实的基础。当然，好运也不会总是跟随着陈光甫，1931年7月，上海商业储蓄银行也曾因长江特大水灾而发生过挤兑。正在陈光甫焦虑万分之际，他从前一贯藐视的那位“杜先生”亲自来到了上海商业储蓄银行门前，一句“杜先生存100万银圆”立刻使挤兑的人群消失殆尽。后来杜月笙开办中汇银行，陈光甫为表示感谢，也在中汇银行内存入了不小的数额。陈光甫广交朋友，人脉网络四通八达，在那时的上海也可谓风光无限。位于江西中路宁波路路口、建造于1929年，由通和洋行设计的上海商业储蓄银行大楼就是该行辉煌于那个时代的最好见证。

杜月笙

大楼建成后，除沿宁波路部分自用外，其余部分出租商用。

陈光甫的作用不仅局限于金融界，后来在国民政府的金融改革、法币推行，以及抗战期间赴美参与洽谈对华援助等事宜中都能看到他的身影。如今上海商业储蓄银行大楼原底层营业厅为“上海浦东发展银行黄浦支行”营业大厅，其余大部分用作居民住宅，也有不少中小企业入驻楼内办公。

4. 华业大楼探秘

华业大楼（摄于2016.8.7）

华业大楼主楼（摄于2016.1.2）

建筑地址： 陕西北路175弄、南京西路1213弄内（交通：地铁2号线/12号线/13号线“南京西路”站下，步行10~15分钟内到达）

建筑特色： 大楼由一幢主楼和两幢配楼组成，总体布局呈现“三合院”形式，建筑整体与部分细节呈现出较为明显的西班牙风格并带有折中主义建筑风格倾向，属于折中主义建筑向现代派建筑过渡时期的作品。

建筑历史及相关掌故： 华业大楼英文名为Cosmopolitan Apartments，有些资料中也译成“大都会公寓”，原为老上海著名营造商谭干臣于1928—1934年投资建造（有些资料中也写作“谭千臣”，其于20世纪初在外滩一带通过承包建筑工程发家，后投身于地产业，弄内毗邻华业大楼的若干新式里弄房同为谭家建造），由著名华人建筑师李锦沛㊀设计。

大楼占地14.56亩，建筑面积为18965平方米，建成后设施齐全。主楼入口处曾有漂亮的西班牙式门头装饰（现已不存在），主楼底层设有门厅、访客厅，至今仍完好保留做工精美的玻璃砖天棚，原来还有儿童游戏室及图书馆等。

门厅后设有电梯间，两边深处还各有一部“水泥磨石子”楼梯，楼梯前带有典型西班牙风格的螺旋绞绳式柱子在楼道灯光下的映衬下，为大楼平添了几分神秘的色彩。往上2~8层为居住层，室内配柳安木地板和钢窗（这是当年优质公寓楼的“标配”）。由起居室、卧室、餐厅、厨房、卫生间（卫生设施主人与佣人分开）等组成。9层以上为电梯机房与蓄水箱房。大楼竣工后“租金昂贵”，最初的住户以达官显贵、富商或是富裕阶层的侨民为主。

华业大楼玻璃砖天棚（摄于2016.1.2）

㊀ 李锦沛还曾设计现西藏南路，原八仙桥青年会大楼（与范文照与赵深合作）、圆明园路原女青年会大楼、清心女中（现市八中学）、大昌街近陆家浜路清心堂；吕彦直去世后接替设计“中山陵”等。

回过头来再讲一段华业大楼开发商谭家人的故事。就在华业建成后，谭干臣一家便搬入华业八楼，后谭家财产都由儿子谭敬继承（谭敬的舅舅就是与阮玲玉结婚的唐季珊）。谭敬这位“富二代”是当时十分出名的收藏家和体育爱好者，其收藏的珍品在20世纪50年代后有部分通过其本人捐献的方式入驻了北京故宫博物院；另外，其还曾组建东华体育会，会址在原来南京西路“新成游泳池”的位置，曾红极一时。

曾经在华业大楼居住过的名人有：李健吾（作家、戏剧家）、俞振飞（昆曲表演艺术家）、金山、张瑞芳、王丹凤（电影表演艺术家）、沈秋水、陈钢（音乐家）等。公寓顶楼后来还曾被用作单身男宿舍，据当事人回忆，“麻将、火锅、单身汉的不羁和华业的秀丽风格形成鲜明对比……”

光阴如梭，大楼至今已走过了八十余年的岁月光景，住户从最初的达官显贵到稍后的文艺界精英……唯有公寓依旧静静地矗立在这个喧闹路口旁的深弄之中，向每一位从其身旁经过的路人诉说着过往的“非凡身世”。

“水泥磨石子”楼梯及西班牙风格螺旋绞绳式柱（摄于2016.1.2及2016.12.4）

谭敬（左）与李锦沛（右）

华业大楼现仍主要作为居民楼使用（摄于2016.1.2）

链接阅读

八仙桥青年会位于西藏南路123号，原为上海基督教青年会（1900年由R.E.Lewis等人联合中国教会人士创立）大楼，该机构曾先后在现南苏州路、南京东路、四川中路等地设立会所，后随会员人数增多，遂于1929—1931年在今西藏南路八仙桥地区建造新楼，新楼由李锦沛、赵深、范文照合作设计，外立面具有较为浓郁的中国风格。大楼竣工后里面曾开展过许多社会活动。另，本章节中写到的“上海商业储蓄银行”下属“八仙桥支行”也曾在该楼底层营业。

八仙桥青年会大楼（摄于2015.2.17）

5. 从“皮裘公寓”里走出的明星

皮裘公寓（摄于2016.2.9）

皮裘公寓入口图（摄于2016.12.4）

皮裘公寓楼梯间（摄于2016.12.4）

建筑地址：铜仁路278号，近南阳路（交通：地铁2号线/7号线“静安寺”站下，步行约15分钟到达）

建筑特色：砖混合结构，现代派风格。北立面是青灰色墙面，其余立面是清水红砖墙面，阳台与带有齿状古典式装饰的墙面形成虚实对比，入口上方有清晰的公寓名称“Bijou”的字样。进入楼内可见楼梯扶手栏杆上精致的紫铜花饰样，及一旁颇有韵味的橙色釉面砖墙。

皮裘公寓楼梯间（摄于2016.12.4）

皮裘公寓于1929年建造，占地2.6亩，建筑面积4245平方米，整幢公寓据说原为美国侨民沙门罗夫人所有，她委托义品银公司（笔者猜测可能是老上海著名的义品放款银行旗下的信托公司）代理该公寓的租赁。

该公寓于1949年前曾经居住过一位被誉为“歌星皇后”的韩菁清女士（原名韩德荣，菁清为艺名）。韩女士的父亲韩惠安跻身知名富商行列，其曾花60万银圆在当时的孟德兰路（现江阴路）购置英式豪宅。按理说，生活在这样一个家庭的大小姐是不太可能会走上“歌星之路”的。事情的“转机”大约出现在韩女士七岁那年，那天她们一家正在南京路四大公司之一的“新新公司”（即现第一食品商店所在的建筑）游玩，可能是源于其与生俱来的歌唱天赋，当时的韩女士饶有兴致地参加了那天在“新新公司玻璃电台”内举办的儿童歌唱比赛，并一举夺魁。四年后，“百乐门”招收歌星，韩菁清瞒着父亲欣然前往参赛并在数千人的激烈角逐中夺得桂冠，从此“名震沪上”。当然“声名远扬”的韩菁清也招来了父亲对她的不满。在她父亲眼中，“歌女”这个职业是与女儿“大家闺秀”的身份极不相称的，韩德荣为此“离家出走”并租住在皮裘公寓。数年后的1946年，在当时江宁路一带新仙林花园夜总会举办的“上海小姐歌星组”比赛中，韩菁清又一次位列首席，“歌星皇后”从此名扬十里洋场。1949年后，韩菁清又“进军影坛”，她凭借自编、自导、自演、自唱的《我的爱人就是你》一片荣获“金马奖优秀演员奖”，事业再度迈向一个崭新的高度。1974年，韩菁清与比自己年长近三十岁的著名文艺评论家、散文家、翻译家梁实秋结为夫妇。1994年，韩菁清在台北去世，享年63岁，在此数年前，她还曾回到上海以前的住所故地重游。

皮裘公寓现仍作为居民楼使用。

链接阅读

百乐门舞厅位于愚园路218号（愚园路万航渡路路口），1931—1934年由南浔富商顾氏家族后人顾联承投资建造，杨锡镠设计，装饰艺术派风格，曾享有“远东第一乐府”之美誉，与“仙乐斯”“大都会”“丽都”“新仙林”等舞厅齐名，是老上海著名的“纸醉金迷”之地。张学良、卓别林、陈纳德与陈香梅夫妇等都曾在此留下身影。发生于此的“舞女陈曼丽被枪杀”一案曾轰动一时。

百乐门舞厅（摄于2017.11.27）

第2章

『贵族』——法式风格

法式建筑风格在布局上讲求对称，细节上喜欢运用各类花式装饰来增强建筑本身的美感；最为明显的特色在于对建筑屋面的做法上，法式建筑的屋面一般都做成两段，顶端屋面平缓，下端屋面陡峭，在陡峭的屋面上通常会开有各种精美的『老虎窗』。关于『老虎窗』称呼的来源，说法有二：第一，取自英语『roof』的谐音。第二，取自英语『loft』的谐音。法式建筑这样的设计既能扩大室内的使用空间，又能增强室内的通风与采光，学界一般把这类屋面称为『孟莎』式（mansard，也译成『芒萨尔』）屋面，这在上海的法式建筑中最为常见。另外，在上海老建筑中，法国文艺复兴风格也比较多见，该类建筑的特征在于摒弃了中世纪时期的哥特式建筑风格，而在建筑上重新采用古希腊、古罗马时期的构图要素，严守古典建筑的构图法则，三段式特征突出。

6. “思南公馆”的前尘往事

思南公馆（摄于2016.2.12）

建筑地址： 思南路近复兴中路（交通：地铁10号线/13号线“新天地”站下，步行约10~15分钟）

建筑特色： 以“思南公馆”一带最具有代表性的“周公馆”为例，该建筑为假四层法式砖木结构花园住宅；底层最初设计为车库、储藏室、厨房和佣人房；从外面有两处楼梯可直达二楼，二楼以上为居家使用；宽大的落地窗户使得室内光线充足，提升了住户居住时的舒适感。建筑外立面以鹅卵石装饰并配以双坡红瓦屋面，流露出浓郁的法式风情。

周公馆室外楼梯（摄于2015.1.11）

建筑历史及相关掌故： 现思南公馆这一带在明清时期称“叶家宅东”或“小田肚”，现思南路始筑于1912年，当时的名字叫“马斯南路”㊀。因法租界在1914年前的西界还在现重庆路自忠路顺昌路太仓路一带，故而当时的马斯南路为“越界筑路”㊁。

1914年，法租界当局以允许北洋政府进入租界“捉拿”革命党人为交换条件，进行了其规模最大的一次扩张，其西界一直扩展到现华山路。租界扩张引来了诸多地产商关注的目光，他们敏锐地觉察到其中绝对“有利可图”。在这些地产商中，有一家法国与比利时合资的“义品放款银行”。该行于1907年时创办于天津，按理说与上海地产没什么商业往来，但商人毕竟是“重利”的，当他们得知上海法租界即将大面积扩张的消息后，便毫不犹豫地将业务重心从天

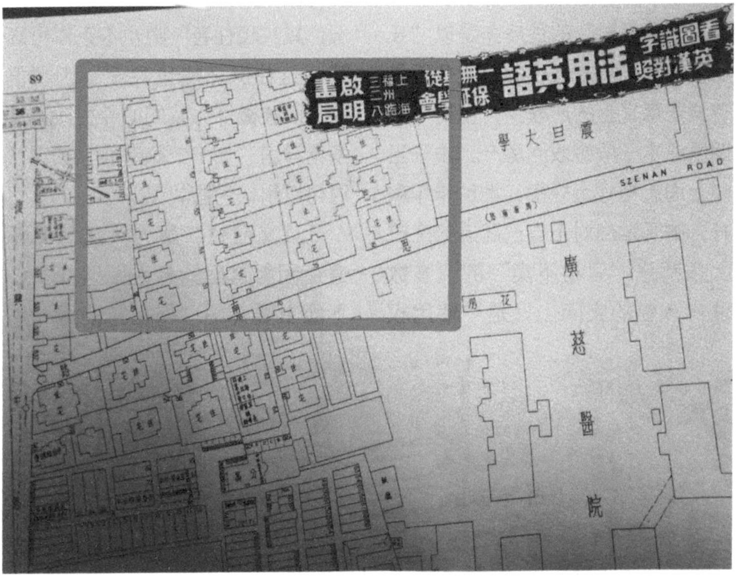

义品村区域图

㊀ 马斯南为法国音乐家。在进入20世纪初叶，尤其是1906年后，上海法租界以法国人名字来命名的路名较多。

㊁ 过去，每当上海周边发生战争或受到战争影响时，一般都会是租界越界筑路的高峰期，较典型的如静安寺路（现南京西路）和徐家汇路（后改成海格路，现华山路），最初都是在1860—1862年太平军东征时开始越界辟筑的。当时，租界当局的理由为“筑路方便行军及军用物资的运输”。

津迁到了上海，毅然加入到各大地产商的“群雄逐鹿”中。

1920年前后，义品放款银行得到了现思南路复兴中路一带一块约30亩的土地，一下子投资建造了23幢以法式风格为主的花园洋房（另有一说是30幢）。这些洋房约为现思南路51~95号，设计者是义品的建筑师奥拉莱斯。因开发商为义品，故当时这一带的洋房群被称为“义品村”，这也就是现思南公馆一带曾经的名字。

“义品村”的住户多是以“长期租赁”的形式入住的，大多不具有真正意义上的产权，“租赁”到期后业主一般会收回房产。由于当时上海土地寸土寸金，地价年年飙升，故开发商对于自己建造的房产大多都是“只租不卖”的（多数住户入住的实际上只是“使用权房”），为的是将来地价升值可以谋得更大的利润。现在人们谈起老洋房时，不少人会说“×××当年住在哪幢洋房里，真是阔气了”，其实事实未必如此，如果追根溯源的话，现在沪上很多名人旧居的房子当年的产权多半并不属于“名人”自己。

另外更出乎笔者意料的是，“义品村”的这些花园洋房最初也不是每幢都“独门独户”，部分也存在“一门多户、分层出租”的情况，其“租住者”中也不乏洋行高管，且住房环境也并没有因“群住”而被破坏，我们如今在改善许多老洋房“七十二家房客”的现状时可以引以为鉴。

“义品村”最为大家津津乐道还因为这里的名人旧居众多，下面主要介绍“梅兰芳旧居”和

思南公馆今景（摄于2016.2.12）

“周公馆”。

“梅兰芳旧居”位于思南路87号，1931年“九一八事变”后，日军对中国华北虎视眈眈，梅兰芳先生一家被迫于1932年迁往上海。梅先生一家起初租住于沧州饭店（已拆，原址位于现南京西路锦沧文华大酒店处），一年后定居于马斯南路（即今思南路）。说起这“87号”其实原来也是有主人的，“87号”和“89号”两幢原来都是南京国民政府要员程潜的住宅，梅先生南迁上海后，据说程潜先生将“87号”让与梅先生一家租住。梅家因此在上海有了暂时落脚的地方。同时梅大师在此期间也积极投身抗日救国，排演了《抗金兵》等戏目，为国人抗战奉献精神食粮。1941年太平洋战争爆发后，上海的一些租界被日军占领。日本人为宣传所谓的“大东亚共荣圈”与“中日亲善”，多次让梅先生为他们演出，都被梅先生断然拒绝，梅先生蓄须明志，甚至还不惜用让自己发烧的方式避过了侵略者一次又一次的威逼利诱，体现了高尚的民族气节。1945年抗战胜利后，梅大师在美琪大戏院重新登台再塑辉煌。

现思南路73号的“周公馆”曾为日商新井洋行老板新井藤次郎的住所，1945年抗战胜利后被国民政府接管，曾拨给国民党中央党部官员黄天霞居住，1946年黄天霞调至南京后又转给《新华日报》社驻沪办事处使用。不久后就有了“周公馆”的故事。

1959年，“周公馆”被上海市政府列为上海市级文物保护单位，后又在此正式成立“中国共

周公馆（摄于2016.2.12）

周公馆中，周恩来的办公地点兼卧室（摄于2017.11.19）

产党代表团驻沪办事处纪念馆”，从此成为上海一处十分著名景点。

周公馆中，董必武的办公地点兼卧室（摄于2017.11.19）

民国时期，现思南公馆及周边一带居住的名人旧居还有川军将领杨森（36号）、金融家袁左良（39~41号）、滇军将领卢汉（44号）、政治家薛笃弼（61号）、作家曾朴（81号）、民国将领李烈钧（91号）等。21世纪后，原“义品村”一带升级成为集文化、休闲、娱乐、时尚等于一体的“思南公馆”，一个上海新地标就此诞生。

7. 辣斐德路上的“双子星公寓”

“双子星公寓”——克莱门公寓（左）陕南邨（右）（摄于2017.4.2及2017.1.20）

建筑地址：克莱门公寓，复兴中路1363弄（交通：地铁1号线/7号线“常熟路”站下，步行约10~15分钟）；陕南邨，陕西南路151~187号（近复兴中路）（交通：地铁1号线/10号线/12号线“陕西南路”站下，步行约10分钟）

克莱门公寓外立面（摄于2017.4.2）

建筑特色：两处公寓外立面相似，外形均为“蝴蝶状”，均以清水红砖与水泥拉毛相间、多坡红瓦屋面来作为其主要特色，使人在感官上顿生一种绚丽且又温馨的感觉。两处公寓内部窗户均为钢窗但楼梯有所不同，克莱门公寓为木质楼梯，陕南邨的楼梯由水磨石铺设而成。

克莱门公寓木质楼梯（摄于2017.4.2）

陕南邨水磨石楼梯（摄于2017.1.20）

“克莱门公寓”（现名“玉门公寓”）（摄于2017.4.2）

建筑历史及相关掌故： 昔日的上海曾经河网密布、泾浜交错。如今的复兴中路在晚清时原是“南长浜”的主要河道（“北长浜”的主要河道即现延安中路）。1914年，法租界大规模扩张后将南长浜填没，后经过十多年陆续的修筑，辣斐德路（复兴中路旧称）逐步成为法租界的中高档住宅区较为集中的路段。下文所要讲述的故事就发生在这条颇具传奇色彩的马路上。

时间回到20世纪20年代的中后期，在法商电车公司有位叫克莱门的比利时人，据说因被同事排挤而极不情愿地离开了原本的“锦衣玉食”，被迫走上了“自我创业”的道路。商业嗅觉敏锐的克莱门在离职后不久即发现，在租界造房出租是十分赚钱的生意，于是便与天主教圣母圣心会账房普爱堂合作，于1929年在现复兴中路1363弄建造了5幢法式蝶状公寓用于出租，因开发商之一就是克莱门本人，故而这里又被称作“克莱门公寓”（现名“玉门公寓”）。

笔者通过查询相关资料发现，截至1949年，普爱堂在沪拥有土地约130亩，房屋400多幢，其规模也算得上是“沪上教会中的地产航母”了；加之其神职人员中又以比利时人居多，这就给同为比利时人的克莱门创造了极其有利的“交流合作空间”。

公寓最初的内部格局有点类似于现在的酒店式公寓——没有厨房设施。后来为了进一步提升居民的生活便利度，公寓内部做了较大的改造，增添了厨房设施，这大概也是克莱门在初建公寓时所始料未及的吧。

约在克莱门公寓建成1年后的1930年，克莱门与普爱堂再度携手合作，在现复兴中路陕西南路路口东北角兴建了16幢蝶状的法式公寓及1幢花园洋房（即现在的陕南邨），公寓的内部设计也更贴近居家使用，厨卫设施俱全。因当时上海的很多公寓在竣工后都是内设家具的，因此如果你有幸被一位陕南邨老住户邀请到他家做客的话，说不定还能看到当年留下的那些精致的家具。因公寓建造时现陕西南路还被称为“亚尔培路”，故这一片公寓也被称作“亚尔培公寓”，也就是现在的陕南邨，其设计者有外籍建筑师列文和赉安洋行两种说法，关于列文的情况我们现在知之甚少，只知道除了陕南邨外，他还参与设计过位于南昌路茂名南路路口的南昌大楼。

与克莱门公寓的“鲜有名人”相比，陕南邨可谓名人辈出，其中著名的有电影界老前辈柳和清和王丹凤夫妇，散文家、记者容鼎昌（黄裳），摄影家、记者舒宗侨等。

笔者在与陕南邨居民交流时了

克莱门公寓（摄于2017.4.2）

解到，段祺瑞的子孙、宋庆龄及戴笠的亲戚也曾居住于此。总之早先陕南邨的住户中知名人士或与之有关者不在少数。

如今的“克莱门公寓”与“陕南邨”在经过岁月流逝后风采依旧，近些年来除了仍旧作为居民住房之外，许多电影电视摄制组还慕名前来取景拍摄，公寓的名声因而再次蜚声全国，成为上海一处知名的“旅游景点”。

陕南邨今景（摄于2017.1.20）

陕南邨今景（摄于2017.1.20）

链接阅读

黄浦剧场位于北京东路780号，原名金城大戏院，为老上海著名影人柳中浩、柳中亮兄弟筹资建造，1934年建成，华盖建筑师事务所设计，现代派风格，外观简洁，首映影片为阮玲玉主演的《人生》。

该戏院开业后一改当时在上海电影市场上以放映欧美影片为主的经营模式，而以上映国产影片为主。我国第一部在国际上获奖的影片《渔光曲》就曾在此首映；《风云儿女》主题歌，即后来的中华人民共和国国歌《义勇军进行曲》，也是在这里首先唱响的。1954年6月3日，金城大戏院被上海市文化局接管，1957年批准其为人民淮剧团固定演出场所。后来，周恩来总理提议改为黄浦剧场，并亲笔题写场名。

黄浦剧场（摄于2016.11.6）

8. “长乐邨”（凡尔登花园）的百年沧桑

长乐邨（摄于2017.1.14）

建筑地址： 陕西南路39~45弄（长乐路上也有入口）（交通：地铁1号线/10号线/12号线“陕西南路”站下步行约10分钟）

建筑特色： “长乐邨”为上海比较典型的“新式里弄”住宅，是继“石库门”之后，于20世纪20年代后在上海大量兴起的一种住宅样式（接近于后来的联排别墅）。长乐邨的最初住户多为中产阶级或以上群体。“新式里弄”与“石库门”相比，整体样式更为“西化”，弄堂更为宽阔（考虑到住户在弄堂内驾驶“自备汽车”），以小花园取代之前石库门中的天井，而且水、电、卫生设备也较石库门更为齐全。其中优质的“新式里弄”住宅里还会安装煤气或“热水汀”（暖气）等设备。“长乐邨”的屋面较多为上文中提到的“孟莎”式，这也是其法式建筑风格特征的主要标志。

"孟莎"式屋面的"长乐邨"（摄于2017.1.14）

建筑历史及相关掌故：长乐邨位于陕西南路39~45弄（长乐路上也有入口），这一带连同东面的现花园饭店（原法国总会），在第一次世界大战爆发前曾为"德国乡下总会"（德国乡村总会）。一战爆发后的1917年，法国人以法德两国为交战国且此地已属法租界为由，赶在北洋政府前对当时德国乡下总会的产业进行接管，并在不久后将这一带改名为"凡尔登花园"，一度作为娱乐场所对外开放。"一战"结束后不久中、德两国恢复邦交，法国人担心德国人在战后前来索要原"德国乡下总会"的产业，因此事先对"凡尔登花园"进行了拍卖，法租界公董局最终获得了该块土地的所有权。20世纪20年代中叶时，公董局将这块土地一分为二，偏西的部分转卖给安利洋行，后该洋行再委托新沙逊洋行下的华懋地产公司在此投资建造了数排新式里弄，也就是现在的"长乐邨"。同时，公董局也利用买卖土地所得款项，在偏东的土地上建造了新的"法国球场总会"。"凡尔登花园"作为娱乐场所的历史也就到此结束了。但在一张1929年的上海城区图中笔者发现，当时在迈尔西爱路（现茂名南路）东侧的位置上仍注有"凡尔登花园"的字样，故而推测花园后来是否从马路西侧搬到了东侧？抑或是还有其他不为人知的隐情？我们不得而知。另外也有说法称，原"德国乡下总会"地块的所有权在拍卖前属德商三发洋行，一战结束后，法租界当局敦促三发洋行偿还德华银行债款从而被迫将该地块进行拍卖。

在此具体说明一下上文中提及的安利洋行与新沙逊洋行的关联。安利洋行的前身为德籍旅英犹太人安诺德兄弟（也有说法称兄弟两人为英籍）与德籍犹太人卡尔贝格（P.Karberg，也有说法称其为丹麦人）于1854年创办的瑞记洋行（Arnhold，Karberg& Co.），该洋行在中国涉足范围较广，在军火、五金、采矿、木材、化妆品等诸多领域都能看到它的身影。安诺德兄弟的私宅就在现茂名南路长乐路锦江饭店处，据资料记载建于1905年，有"小丛林"之称。现位于四川中路九江路口建造于1907年的安利大楼是他们在那个年代辉煌一时的标志。

安利大楼今景（摄于2017.9.8）

同样也是在“一战”爆发后，安利洋行的“德资背景”为其招来了“麻烦”，其在华资产曾一度由汇丰银行代为管理。约在1917年时，“小安诺德兄弟”（安诺德兄弟的下一代H.E. 安诺德和C.H.安诺德）在改入英国籍后要求归还原瑞记洋行的资产并在不久后得以实现。1919年，“小安诺德兄弟”将归还的洋行产业改名为“安诺德兄弟公司”（Arnhold Brothers &Co.，Ltd.），中文名为“安利洋行”，经营范围及规模与过去的瑞记洋行相比有过之而无不及，诸如瑞镕机器造船厂（上海船厂的前身之一）、祥泰木行等当时的知名企业，都曾一度被安利洋行掌控，H.E.安诺德还于1928—1936年期间多次出任工部局副总董或总董一职，人生可谓志得意满。20世纪20年代中期时，安利洋行的经营出现困境（可能由于涉足领域太广，后续资金链无法维持导致），新沙逊洋行瞅准时机，通过放款、改组、收购股权等方式多管齐下，逐步将安利洋行收入囊中，许多有关新沙逊洋行的资料中都有安利洋行如影随形，原因正如上文所述。20世纪30年代中期，新沙逊洋行与小安诺德兄弟达成协议，由新沙逊洋行出资100万银圆为“小安诺德兄弟”另行组建瑞记贸易股份有限公司，原安利洋行的所有产业均划归新沙逊洋行所有，双方关系至此撇清。

回过头来再讲“长乐邨”。这一片新式里弄于1925—1929年建造，设计方就是上文中已详细介绍过的安利洋行，建成后共有房屋118幢，建筑面积约15000平方米。每户南面设有小花园，从北面入口进入底楼，其间设有餐厅、客厅与厨房，从客厅可通过主楼梯上到二楼，主卧、次卧、卫生间等均在二楼，整体设计倾向于独门独户。

我国著名的书画家、散文家、教育家与翻译家丰子恺和魔术大师

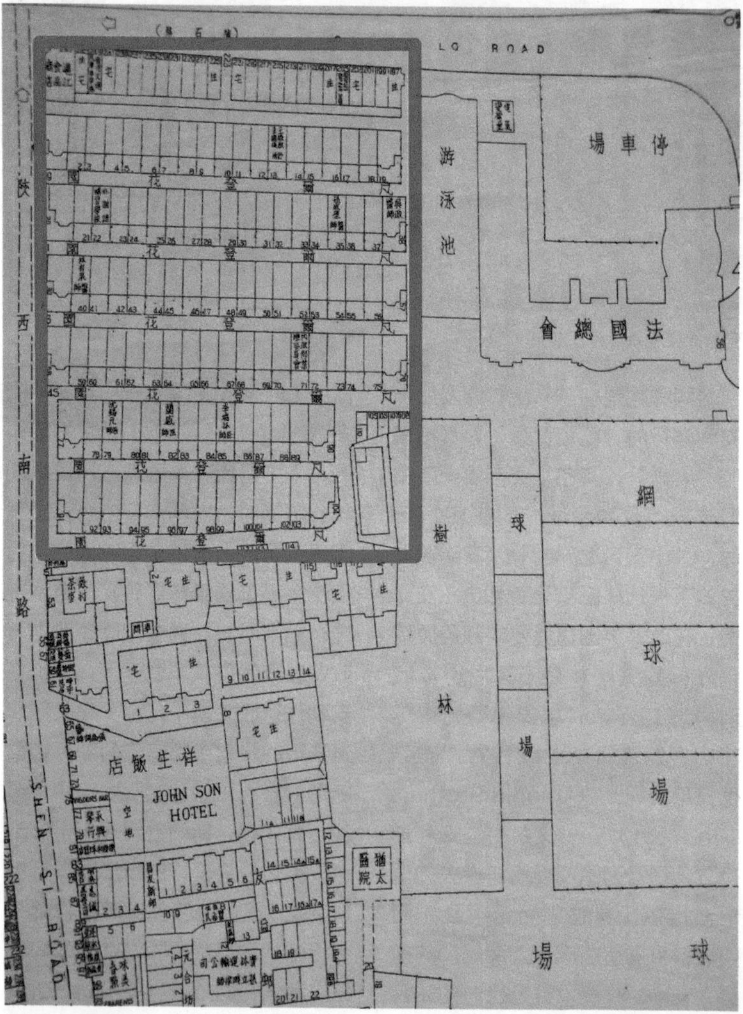

长乐邨区域图

莫非仙曾分别居住于弄内93号和9号，其中又以丰子恺先生所居住的“日月楼”最为著名（“日月楼”为丰子恺先生的书房，取自其自创的“日月楼中日月长”之句）。

丰子恺先生在1954年时迁居于此，先生的女儿丰一吟在《日月楼中日月长——回忆父亲丰子恺》一文中回忆道：“父亲在患病前，已开始从事俄文翻译，所以有了一些稿费收入……于是他决心找环境好一点的房子迁居。那时找房子，大家都要付‘顶费’，名义上是买下前房客的家具及室内装修，实际上是买一个承租权……最后靠一位叫沙太太的中间人介绍，找到了陕西南路39弄93号的这幢小洋房……”丰子恺先生在此曾创作出大量流传后世的佳作，同时也留下了他人生最后20余年的甜酸苦辣。

丰子恺

“长乐邨”如今仍主要作为居民住宅使用（摄于2017.1.14）

茂名南路原法国总会（现花园饭店）（摄于2016.12.3）

南昌路原法国总会（科学会堂）（摄于2016.12.3）

南昌路原法国总会（科学会堂）大堂（摄于2016.12.3）

南昌路原法国总会（科学会堂）彩窗（摄于2016.12.3）

链接阅读

法国总会全称为“上海法商球场总会”（Cercle Sportif Francais），也译作“法国体育总会”，位于茂名南路58号，现为花园饭店，1924—1926年建造，由赉安洋行设计，以法国文艺复兴风格为主。

1926年建成后，原址在环龙

路（现南昌路）的法国总会迁址现茂名南路，这里遂成为沪上法、英等国侨民游乐休闲的主要场所。环龙路法国总会后成为法租界公董局学校，1957年后成为“科学会堂”，并沿用至今。

1949年后，法国总会被上海市人民政府接管，后曾先后为市体育运动总会、市政协文化俱乐部、锦江饭店（期间俗称“58号俱乐部”）等单位使用，有时也会作为接待外宾的场所；20世纪80年代改为“花园饭店”裙楼至今。

像“长乐邨”这样的新式里弄住宅在上海还有很多，许多名人都曾经在这样的房子中居住过，以下再为大家介绍三处。

静安别墅：位于南京西路1025弄（主弄堂直通威海路），是1926—1932年由开发商张潭如(属收藏家张石铭、政商张静江家族后代)投资建造的新式里弄，建成后“顶费”昂贵，需用金条支付。1942年，孔祥熙授意盛宣怀子女盛关颐、盛重颐为其购得这片大部分产业，后委托美商经营租赁业务。弄内曾住过较多名人，包括教育家、北大校长蔡元培，政治家、书法家于右任，电影演员郑小秋（其父郑正秋为著名电影编导），医学家乐文照，推拿名家丁季峰等。抗战时，弄内174号还曾作为商务印书馆的临时书库。

茂名南路原法国总会（现花园饭店）大厅（摄于2016.12.3）

静安别墅（摄于2017.6.17）

愚谷邨（摄于2017.1.31）

愚谷邨：位于愚园路361弄和南京西路1892弄，是20世纪30年代初由广东商人陈楚南投资建造的新式里弄，杨润玉和杨元麟设计，1934年竣工。“愚谷”二字据说有引“大智若愚和虚怀若谷”之意。弄内125号为原愚谷邨业主陈良才、陈良浩、陈良骅三兄弟的自主房屋（现为区离退休教工活动中心）；作家茹志鹃、魏金枝、唐克新、王啸平、王安忆，画家应野平，表演艺术家沙莉、凌之浩、奚美娟等都曾在此居住过。

大陆新邨：位于山阴路132、144、156、168、180、192弄，是“北四行”之一的大陆银行于1931年投资建造的新式里弄，于1932年竣工。

文坛大家鲁迅和茅盾、文学史家陈子展、文史专家范祥雍、电影《战上海》中国军起义将领刘义原型刘昌义等曾居住于此。132弄9号是鲁迅先生人生最后的住所，他于1933年搬进大陆新邨后一直居住到1936年去世。

大陆新邨今景（摄于2016.4.30）

鲁迅旧居
（摄于2016.4.30）

9. 万国储蓄会与武康大楼

武康大楼（摄于2017.1.28）

建筑地址：淮海中路1836~1858号（位于武康路、淮海中路、兴国路、天平路、余庆路五路交接口）（交通：地铁10号线/11号线“交通大学”站下，步行10~15分钟）

建筑特色：大楼为钢筋混凝土结构，形似远洋巨轮，是上海最早的外廊式公寓之一。大楼外立面体现出较为浓郁的法国文艺复兴风格，三段式明显：底下两层与顶层为斩假石墙面，中间部分为清水红砖，其间还点缀有各式“牛腿”；底层沿淮海中路一面通过券廊样式的“骑楼”，将建筑内外巧妙地分隔为两个空间，行人行走其中移步换景、颇具情调。

武康大楼“骑楼”（摄于2014.10.19）

武康大楼转角处阳台出挑，第三层窗楣上有山花装饰，腰线处的阳台采用宝瓶式护栏，楼内以“金黄色”为主色调。

建筑历史及相关掌故： 武康大楼约建于1924—1925年，初名“I.S.S公寓”，后改名“东美特公寓”，后再改名“诺曼底公寓”。20世纪30年代后，沿武康路一面有过扩建。

“I.S.S”全称“International Savings Society”，中文译作“万国储蓄会”，是法国侨民盘腾（J.Beudin）、范诺（R.Fano）和信孚洋行业主、法租界公董局前任总董麦地（Menri Madier），及中国人章鸿笙、叶琢堂等于1912年联合发起，并向法国驻沪领事馆注册成立的国际性储蓄组织。

从储蓄会数位发起人的身份及经历来看，该会在决策层人员的配置上基本达到了政商两界的完美结合，这也为该会后来在储蓄与地产两大领域内的顺风顺水奠定了坚实的基础。“万国储蓄会”成立后的首要任务自然就是“吸收储蓄”，于是他们别出心裁地采取了当时在沪上还比较少见的“有奖储蓄”方式来吸纳储户。关于“万国储蓄会”的“有奖储蓄”规则较多，笔者归纳内容大致如下：储蓄分为全会、半会、四分之一会三种。全会每月存储12元、半会6元、四分之一会3元，连续储蓄20年（另也有说法称是15年），到期后一次性还清本金、利息和红利；储蓄期间会员如中途退出将不归还本金，但会员可将会员身份转让给他人以作为变通。万国储蓄会的抽奖是在较短时间内能够迅速聚拢起庞大资金的主要手段，该会每月都会拿出当月储蓄额的25%作为奖金，奖金数量之大、中奖概率之高、抽奖频率之多均前所未有，储蓄会由此迅速“暴富”。

但如有一定理财经验的读者读到此处后可能会发现，储蓄会如果没有办法来填补“每月因

盘腾（左）与范诺（右）

爱多亚路（现延安东路）原万国储蓄会大楼

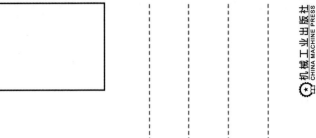

爱神花园（螺旋形楼梯，摄于 2016.8.20）

爱神花园，原为老上海煤炭大王、火柴大王刘鸿生之弟刘吉生赠予爱妻陈定贞的 40 岁生日礼物，由邬达克设计，于 1926—1931 年建造。爱神花园内部的许多细节都暗示着昔日主人的身份，如楼梯栏杆上的“KSL”标示与室内天花板上的玫瑰图案分别对应了刘吉生与陈定贞的英文名字。

机械工业出版社
CHINA MACHINE PRESS

爱神花园（螺旋形楼梯，摄于 2016.8.20）

爱神花园，原为老上海煤炭大王、火柴大王刘鸿生之弟刘吉生赠予爱妻陈定贞的 40 岁生日礼物，由邬达克设计，于 1926—1931 年建造。爱神花园内部的许多细节都暗示着昔日主人的身份，如楼梯栏杆上的“KSL”标示与室内天花板上的玫瑰图案分别对应了刘吉生与陈定贞的英文名字。

机械工业出版社
CHINA MACHINE PRESS

抽奖而流出的25%储蓄金”这个“财务窟窿”的话，那储蓄会的长久经营从根本上来讲就是“空中楼阁”，不仅组织内成员“吃不饱”，而且“储户”更存在着“血本无归”的风险。为尽力清除这一潜在的隐患，储蓄会在尽力开拓中国其他市场“储蓄业务”的同时，还“瞄上”了租界内利润丰厚的地产市场。

机会在不久后“从天而降”，1914年，法租界大规模扩张，其西界从大致现在重庆路、自忠路、顺昌路、太仓路一带大幅扩展至现华山路一线，万国储蓄会趁此良机果断出手，在法租界新地域内购置大量地产，由此开启了在沪上地产领域那段“极速狂飙”的年代。

储蓄会在斯比尔门（M. Speelman）“掌舵时期”达到了他们事业的顶峰。他们在20世纪20年代后在储蓄会下成立“中国建业地产公司”（Fonciere et Immobilliere de Chine），在法租界内兴建并拥有大量的各类花园住宅、公寓、新式里弄和石库门里弄。

万国储蓄会建造的公寓和各式里弄较多都会以法国地名来命名，除“诺曼底”外，还有淮海中路现妇女用品商店原培恩（Bearn）公寓，淮海公寓原盖司康（Gascogne）公寓，衡山宾馆原毕卡第（Picardie）公寓，常熟路延庆路口瑞华公寓原赛华（Savoy）公寓，陕西南路建国西路口步高里（Bourgogne），重庆南路万宜坊（Auvergne），建国西路法国太子公寓原道斐南（Dauphine）公寓……

另外，储蓄会也有小部分地产是直接以中国建业地产公司“Fonciere”来命名的，如大家熟悉的建国西路高安路口原上官云珠居住过的建安公寓原方建公寓，“方建”应该就是“Fonciere”的音译；还有那栋曾经矗立在延安东路近外滩，后长期被上海市医药公司使用的大楼，原来就叫方西马大楼，后在市政工程中被拆除。储蓄会所兴建的花园住宅也是名宅辈出，如汾阳路150号斯比尔门，白崇禧旧宅、太原路160号狄百克旧宅，马歇尔公馆等，均是当时沪上一流的豪宅。

“诺曼底公寓”是万国储蓄会在进军房地产界后所建造的一幢非常知名的公寓，当年的设计师邬达克因地制宜，在这块本略显“局促”的土地上建造起这样一幢形似“巨轮”的公寓，可谓上海建筑史上的一段佳话。公寓竣工后有一至四户的房型60余套，楼内安装电梯多部，可一解住户爬楼之苦。公寓最初的住户多为外国侨民，如美亚保险公司上海办事处经理、西门子公司高

汾阳路150号花园住宅（摄于2015.1.1）

级职员、罗办臣洋行老板、嘉第火油物业公司销售总代理等。

武康大楼门厅（摄于2017.1.28）

大约从20世纪30年代中期开始，万国储蓄会的业绩开始呈现下滑趋势，先是经济学家、人口学家马寅初公开抨击“有奖储蓄”妨碍国内正常储蓄业务并力推“取缔有奖储蓄”相关法案的推出，致使储蓄会储蓄额逐年下降；后又因抗战爆发而导致沪上侨民开始逐渐退租离开上海，严重影响了万国储蓄会下中国建业地产公司在沪上的经营业绩。1941年太平洋战争爆发后，日军进入苏州河以南租界，储蓄会在此“身死存亡”的悬崖边缘原本还想通过“分散经营”[1]放手一搏，但仍无济于事，储蓄会迈向“深渊”的脚步并未停歇。

抗战胜利后，国民政府的“法

[1] 比如把“毕卡第公寓”划出单独成立“毕卡第地产公司”，并自负盈亏。

币”在此前的八年中币值一落千丈，没有人能够算得清万国储蓄会到期应该偿还给储户多少本金或是红利，此时的储蓄会真可谓到了“山穷水尽”的地步，国民政府开始对储蓄会最后的资产进行清理，原本在它名下的众多产业被收入“国民政府”囊中，“I.S.S”的沪上传奇至此终结。“诺曼底公寓”据说后来曾一度归到孔祥熙家族名下，里面的大部分住房也都调拨或出租给了国民政府官员居住，国民政府上海代理市长赵祖康就曾在此公寓居住过一段时间。

1953年后“诺曼底公寓”因毗邻武康路（旧称“福开森路”）而被改名成“武康大楼”，许多文艺界人士先后成为这幢公寓新的住户，如郑君里、赵丹、王人美、吴茵、秦怡、孙道临和王文娟夫妇等。如今的武康大楼除了依旧作为居民住宅外，俨然已成为这个路口万众瞩目的明星公寓，每天都会有无数的“仰慕者”从四面八方汇聚到这里，只为一睹大楼的风采。“万千宠爱在一身”的武康大楼在接下来还会演绎出怎样的故事呢？我们拭目以待。

链接阅读

汾阳路150号花园住宅：1919—1920年由万国储蓄会投资建造，邬达克设计，法国文艺复兴风格，原住户包括万国储蓄会两任董事盘腾和斯比尔门。抗战胜利后，白崇禧也曾一度在此居住。

1949年后，上海国画院与上海越剧院都曾入驻于此，20世纪80年代后还曾改为“越友酒家”

明星公寓武康大楼楼梯转角（摄于2017.1.28）

汾阳路150号花园住宅（摄于2015.1.1）

汾阳路150号花园住宅“旋梯”（摄于2014.7.11）

对外开放，近些年还经营过日式烤肉餐厅。“旋梯”是该花园住宅最大的亮点，进入此楼后从旋梯拾级而上，从顶端向下俯视整座“旋梯”是观赏这幢建筑时最为激动人心的一刻，置身其间仿佛身处“时光漩涡”的入口，观者纷纷赞叹“建筑艺术”的美轮美奂。

培文公寓（摄于2015.8.18）

培文公寓：淮海中路449~479号，原名“培恩公寓”，万国储蓄会下中国建业地产公司于1923—1930年投资建造，赉安洋行设计，建筑风格融合现代派与装饰艺术派风格。公寓建成后原住户多为外国侨民。抗战爆发后，公寓曾一度被孔祥熙低价收购。公寓底层曾开设有云裳、霞飞、丽都等十余

培文公寓“旋梯”（摄于2015.8.18）

家时装公司。1956年时，上海妇女用品商店进驻该公寓底楼，成为沪上无数妇女朋友们无法抹去的温馨回忆。

衡山宾馆位于衡山路534号，原名“毕卡第公寓”，万国储蓄会下中国建业地产公司于1934—1935年投资建造，法商营造公司设计（也有说法称是法商米纽弟建筑艺术事务所设计），建筑风格融合现代派与装饰艺术派风格，公寓建成后原住户多为外国侨民。1949年后，该公寓先于20世纪50年代中叶被改为衡山招待所，期间曾接待过许多苏联专家；60年代后改名为“衡山饭店”，后又更名为“衡山宾馆”至今。现在，上海许多重要的外事活动都会在此举行。

毕卡第公寓（衡山宾馆）（摄于2017.1.28）

毕卡第公寓（衡山宾馆）走廊（摄于2016.3.5）

10. 神秘的“太原别墅”

太原别墅（摄于2017.4.30）

建筑地址： 太原路160号（交通：地铁1号线“衡山路”站下，步行约15分钟）

建筑特色： 假三层砖木结构花园住宅，以法国文艺复兴晚期建筑风格为主，据说是仿照法国路易十四的一座行宫设计建造的。建筑两侧基本对称，主要建筑材料大部分都从欧洲进口。外立面以橘色砖墙与灰白石板贴面为主，南立面底层设计有柱廊，柱廊的上面为一露台，“孟莎”式屋顶下开有五个对称的“老虎天窗”以加强室内采光，建筑西北角有一圆锥形屋顶，为建筑平添几分神秘色彩。

太原别墅“孟莎”式屋面（摄于2017.4.30）

建筑内部中西合璧，除在一般优质老洋房中比较常见的旋梯、柚木护墙板、水晶吊顶、精美壁炉等以外，会客厅活动屏风上还有以中国古典小说故事为主题的图案。

建筑历史及相关掌故：在位于太原路160号瑞金宾馆太原路分部内深藏着一座法式花园洋房，因地处太原路，所以人们习惯称呼它为“太原别墅”。

太原路始筑于1918年，旧称“台拉斯忒路”，名字据说来源于当时旅居上海的一位法国侨民“Delastre”。台拉斯忒路是当年法租界高档住宅区较为集中的地块，曾坐拥名人名宅不计其数，现160号就是其诸多名宅中的典型

旋梯及会客厅活动屏风（摄于2015.10.17）

代表，约建造于20世纪20年代中期，设计方是邬达克的老东家克利洋行，屋顶另由美和洋行设计。首位租住者是在沪上曾享有“强盗律师”之称的法国人狄百克。

为何把狄百克只称为“租住者”而非“房屋主人”？这里面的故事且听笔者娓娓道来。还记得

“武康大楼”一节中提到的“万国储蓄会”吗？与武康大楼一样，太原路160号最初的开发商也是这个“万国储蓄会”，该会当年通过在上海乃至全国开展“有奖储蓄”而迅速暴富，继而他们又成立“中国建业地产公司”，从而大举进军沪上，尤其是法租界内的地产领域并喜获“丰收”。我们现在已无法统计当年“万国储蓄会”到底在法租界内投资建造了多少栋各式住宅。建造独栋高档花园住宅是呈现万国储蓄会精明之处的重要表现之一，随着该会资本的疯长以及机构的日益庞大，其所要支付给高管顾问们的薪金也随之水涨船高，如何尽可能地减少支出呢？万国储蓄会的核心决策层想出了“建造独栋高档花园住宅”的方法，即将这些建造好的独栋高档花园住宅分配给他们的高管顾问们“租住”，“租金”即从“薪金”中扣除，这样下来确实给该会节省了很大一笔的开支。另外，当时租界对于商业机构建造住宅与个人建造私宅所收取的税费标准也是不同的，万国储蓄会把这些“独栋高档花园住宅”在名义上划归个人名下客观上也可以起到“合理降税”的作用，可谓一举多得，当然也不免有逃税之嫌。狄百克作为当时万国储蓄会的法律顾问，也是该会诸多“租客”中的一员，他十分有幸地分到了位于台拉斯忒路的这栋豪宅租住下来，过上了旁人看来望尘莫及的精致生活。

狄百克在老上海法律界颇为知名，他在上海的“发迹”可能主要得益于当时沪上租界内的“会审公堂”（也称“会审公廨”）制度，该制度主要是为审理租界内“华人”或“华洋”之间的诉讼而设。狄百克是法租界会审公堂的常客，法租界会审公堂因“原告方”与“被告方”在“会审”部分案件中所聘请的律师必须是法国籍的缘故，故而狄百克及其开设的律师事

狄百克

太原别墅内饰（摄于2015.6.13）

务所在较长时期内“门庭若市”。加之狄百克在出庭辩护时收费极高且会“疏通关节”，由此使得“强盗律师”声名鹊起（“强盗律师”的说法在老上海并非单指狄百克一个人，而是泛指当时沪上法律界中的一种普遍现象）。狄百克因此“日进斗金”。此外，狄百克还“周游”于各大洋行、企业及团体之间，除上文中提到的万国储蓄会外，大亨黄金荣和杜月笙也与狄百克交往甚密。

关于狄百克的结局说法有二：一是在1941年太平洋战争爆发后逃往香港；二是在20世纪30年代与杜月笙的一次“小聚”后突然“人间蒸发”。究竟结局如何，还有待进一步考证。

1941年太平洋战争爆发后，日军进入租界，狄百克住宅在被“伪苏浙皖税务总局”局长邵式军的地产公司接收后，又被岑德广（晚清大员岑春煊之子，民国首任总理唐绍仪的女婿）购得，成为当时他在沪上两处知名住处之一㊀，至于此宅的实际产权人万国储蓄会，恐怕早已被岑德广抛之脑后了。

1945年抗战胜利后岑德广逃往香港，不久后南京国民政府也开始了对于万国储蓄会资产的清理，此宅后曾一度被国民党“励志社”所使用。据说，国民党高级将领上官云湘曾在此短期居住。1945年年底至1947年年初，马歇尔作为美国总统杜鲁门的特使来华调停内战，此宅又被分拨给马歇尔居住，称“马歇尔公馆”。

1949年后，此宅被上海市人民政府接管并于20世纪50年代中期改造成为高级招待所，那个年代过来的人比较习惯称呼它为“太原别墅”。

20世纪90年代后，“太原别墅”神秘的面纱随着时间的推移被

马歇尔

㊀ 他的另一处住宅位于现愚园路岐山村内54号，据说是当年沪上一位“皮货大王”于20世纪20年代中后期所建，1937年岑购得后时常居住于此，直到1945年抗战胜利。

逐步揭开，“别墅”被改称为“宾馆”。近些年在此处举办婚礼的新人甚多，各类影视剧也纷纷来此取景（如吴宇森导演的电影《太平轮》），越来越多的人都能跨过这道曾经望而却步的门槛深入其中，一睹这栋豪华别墅的别样风采。

链接阅读

关于上文中提到的瑞金宾馆，下面也做一下简单的介绍。

瑞金宾馆位于瑞金二路118号。说起这里的故事，不能不提到英商马立斯家族（Morriss）。该家族大约在19世纪中后期来沪，以航运起家，靠地产致富。马立斯家族在沪上曾拥有的较为知名的产业有两处：一处集中于如今的人民广场（大致延安东路、重庆北路、武胜路、大沽路）一带，那里许多以“马”字为名的里弄原来大多都是马立斯家族的产业，还有现在位于重庆北路武胜路一带重庆大楼，旧时曾被称为“马立斯公寓”，附近的大沽路菜场过去都曾被称为

豪华的太原别墅（摄于2017.4.30）

瑞金宾馆一号楼“名人公馆”（一）（摄于2017.6.11）

“马立斯菜场”，这都是马立斯家族昔日在沪上显赫一时的见证。还有一处便是在现在瑞金二路瑞金宾馆处，马立斯家族大约是在1914年法租界西拓后购置该地块的，起初范围相较现瑞金宾馆面积更大，约为现瑞金二路、陕西南路、永嘉路、复兴中路一带。后来随着租界地价的继续疯长，马立斯家族将这块土地的东北角转卖给了日本的三井洋行，该洋行随后在这块土地上建造了供其“大班”居住的花园住宅，即现在的瑞金宾馆馨源楼。

馨源楼是当年日本建筑师平野勇造在沪设计的知名建筑作品之一，整体风格为法日结合。该地块的西边半块后转让给法国人邵禄供其建造逸园跑狗场（也有说法是转让给万国储蓄会建造了逸园跑狗场），20世纪50年代后的“文化广场”就是在“逸园跑狗场”的基础上改建而成的。

现在的瑞金宾馆名人公馆楼就是当年马立斯家族在上海最为知名的一处豪宅，约在1917—1924年建造，据说由其家族成员戈登·马立斯设计建造。

整栋别墅在外立面流露出浓郁的英国乡村风格的同时，内部也不失中国元素的灵感乍现。通过柚木雕花楼梯迈步而上，可见一扇工艺精美的中式屏风，其上饰有“双狮戏球”“孔雀开屏”“万年青”等吉祥图案，是整座建筑的精华亮点所在。

马立斯家族在这栋豪宅中迎来了在沪的巅峰时期，至20世纪20年代，其家族除雄踞沪上地产领域外，还曾在“跑马总会”“逸园跑狗场”“字林西报”等处出任重要职务，影响横跨地产、娱乐、传媒三大领域。

瑞金宾馆四号楼“馨源楼”（一）
（摄于2015.10.11）

瑞金宾馆四号楼“馨源楼”（二）
（摄于2015.10.11）

瑞金宾馆一号楼“名人公馆”（二）
（摄于2017.6.11）

瑞金宾馆一号楼柚木雕花楼梯和中式屏风（摄于2016.4.4）

1941年太平洋战争爆发后，马立斯家族在沪的诸多产业均遭严重冲击，家族豪宅全被日伪势力所占，日伪势力下的一个贩毒机构“宏济善堂”曾在这里嚣张跋扈一时。抗战胜利后，这里又曾作为国民党励志社上海办事处。

20世纪80年代后，“瑞金宾馆”逐步对外开放，越来越多的普通大众从此能够深入其中一睹尊荣。

第3章

『摩登』——Art Deco装饰艺术风格

整体建筑风格：Art Deco建筑风格在1925年巴黎举办的一次名为『装饰艺术与现代工业』的博览会上被正式确立，该类建筑风格讲求几何形体与线条组合的艺术效果，在建筑中常采用阶梯形的体块组合、横竖线条、流线型转角和几何图案装饰，从20世纪20年代后期开始在上海出现，从20世纪30年代起风靡上海建筑领域，是摩登老上海的重要标志之一，遍布于上海的大街小巷，有『上海的唇印』之美誉。

11. 德义大楼与中国“哈同”程谨轩家族

德义大楼街景（摄于2017.2.19）

建筑地址：南京西路770~792号，石门二路1~13号、15弄3号（南京西路石门二路口）（交通：地铁2号线/12号线/13号线“南京西路”站下，步行约5分钟到达）

建筑特色：钢筋混凝土结构，外立面使用耐火砖拼出几何图案，展现出浓郁的装饰艺术派风格；转角处二层窗口以上有花岗岩环饰，其上面原有四座人形雕像（现已不存）。大楼底层多用作店铺，二楼以上作为公寓，顶层为电梯机房和蓄水箱等设备用房。公寓平面由三个内廊式住宅单元和一个内廊式宿舍单元组成，因其建造时的最初用途比较接近于现在的“旅店式公寓”，故而该大楼也是上海较早设有单身宿舍的公寓楼之一。

建筑历史及相关掌故： 德义大楼位于南京西路石门二路口，在很多老上海人眼中，少年儿童书店和南京理发店曾经代表了这幢大楼的全部。殊不知，这幢大楼的建造还与我国著名的体育活动家程贻泽有关，我们本节的故事将围绕这位程贻泽先生及其家族展开。

耐火砖拼出的几何图案（摄于2017.2.19）

程贻泽

就像现在那些豪门足球俱乐部一样，在老上海玩得起“体育产业”的大多都是“有铜钿人家”（有钱人）。之前，在“华业大楼”一节中提到了谭敬，他父亲就是当时上海滩著名的营造富商谭干臣。程贻泽“搞体育”显然也是有雄厚的资本在其背后支撑的，这么雄厚的资金实力还要从他的祖父程谨轩说起。

程谨轩原本只是一介平民，1860—1862年随淮军入沪抵御太平军进攻上海，战事结束后因有木工手艺便留在上海干起了“营造生意”。程谨轩不仅手艺好，而且脑子活络，据说在进入沙逊洋行后不久就转为“跑街”（老上海人称之为“掮客”），用现在的话来讲，程谨轩就是当起了房产中介。

多年后，可能是程谨轩混迹沪上地产业久了深谙此间门道，抑或是他拥有着传统的对“土地”的喜好，程谨轩逐渐在沪上，尤其是泥城浜（现西藏中路）以西购置下大量土地。机会终于在1899年降临。在那一年，公共租界的西界从原来的泥城浜向西大幅拓展到静安寺一线，程家也因而在这之后“迅速致富”，程谨轩由此有了“中国哈同”[㊀]的美誉。他和他的后代在沪上较为知名的产业曾有：南京西

㊀ 哈同为老上海著名的赛法迪犹太富商，以拥有众多地产而闻名，现延安中路1000号上海展览馆地块过去就曾是哈同的私家花园。

路1550号花园住宅“程德润堂”及一旁1522弄的“外国弄堂”，泰兴路以东、北京西路以北地块，现南京西路以北、铜仁路以西地块（著名的史量才公馆便位于那里），奉贤路现“西王小区”等。

德义大楼也是程家在沪上的产业之一，又称“丹尼斯公寓”，因

史量才公馆（摄于2016.1.1）

程贻泽曾就读于现在北虹中学的前身“圣芳济学院”，故而程贻泽曾给自己取过一个外文名字“Danis Chen”，“德义”二字实则就是取自“Danis”的谐音。后来，程贻泽更是赋予了这个外文名字“我丹尼斯程讲道德尚义气”的深意。

程家掌门人程谨轩去世后，程家的千斤重担落到了程家老二程霖生的肩上，程贻泽虽为长子程友兴的儿子，但因程友兴身有残疾不能正常管理家族产业，故而我们这位“丹尼斯程先生”倒也是落得个“一身清闲”，于是把大部分精力都集中到他所热爱的体育事业上。程贻泽在各项体育运动中尤爱“足球”。当时，西方侨民为丰富在沪

德义大楼（摄于2017.9.29）

生活，曾举办过“足球联赛”，当时称为“西联会”，但最初的“西联会”中似乎没有中国人参与其中的机会。

程贻泽在这个领域内应该是属于中国最早的先行者之一，他先是组建了当时中国人自己的球队“三育体育会”（即后来“优游体育会”的前身），后又联合了其他一些体育爱好者及团体，组织起中国人自己的足球联赛，一时声名鹊起。1926年，“三育体育会”应邀参加“西联会”并取得不俗的战绩，至此，程贻泽在沪上体育界中的地位开始确立，他也梦想着有一天能够通过自己发起组织起大规模的“国际体育赛事”。组织“国际赛事”自然要有给从各地纷至沓来运动员下榻的住处，于是建一幢宏伟大楼的计划在程贻泽的脑海中开始酝酿，而这幢大楼的名字就叫“丹尼斯”或“德义”。

德义大楼入口（摄于2017.2.19）

“丹尼斯奖杯”底座造型装饰
（摄于2017.9.29）

德义大楼约于20世纪20年代末建造，锦名洋行设计（锦名洋行前身为克明洋行），康益洋行承建。大楼建筑面积约为11774平方米，外立面以几何图案拼接而成的石雕流露出较为浓郁的Art Deco风格，据说这些石雕本来是程贻泽专为“国际比赛”而设计的“丹尼斯奖杯”底座的造型，奖杯的造型就是原本在大楼外立面上可以见到的人形雕像。因大楼最初设计的定位有点类似于现在的酒店或旅店式公寓，主要是提供给运动员临时居住，故而大楼绝大多数房间都不是按照居家用房来设计的，尤其是厨房设施的稀缺，使得后来的居家型入住者在生活上多有不便。

程贻泽的宏大梦想终因程霖生后来的投资失败而化作泡影，德义大楼在程家破产后辗转归入中国银行名下，成为银行职员名副其实的“单身宿舍”。失去了程家庞大产业支撑的程贻泽在此之后将他的“体育产业”勉强支撑到20世纪30年代中叶，后终因财力不济而惨淡收场，他的许多产业也随着时间的流逝而烟消云散。如今，当我们走过位于胶州路、昌平路一带的静安区工人体育场时，很少有人会知道该地块最初就是程贻泽名下“优游体育会”的运动场之一，至于后来发生在此地的“申园跑狗场”和再后来的“中华全国体育协进会”（中国奥运会全权代表机构）等故事也待我们进一步探寻。

著名海派作家程乃珊的家族也与德义大楼有过一段独特的情缘。程乃珊的祖父是中国银行高管，曾居住在极司菲尔路（现万航渡路）的“中行别业”，而汪伪76号特工总部的出现打乱了这个家族原本安逸舒适的生活。程老师曾这样写道：“1940年，由76号一手筹办的中行血案令中行三名无辜主任死于汉奸日伪枪下，鲜血溅在中行别业弄口。这一血案令不少中行职工忍痛搬离这个大家庭。我外公也就是在那惨案发生后，搬离中行别业至英租界，从而结束了中行别业生活。我的祖父更因为躲逃日伪绑架，举家搬离中行别业‘九宅头’，搬至英租界德义大楼五楼公寓。尽然如此，父母对中行别业的生活终生怀念、津津乐道，深深缅怀那时融洽的邻里、情如手足的年少伙伴……”

大概是受到曾为“中国银行”名下产业的影响，德义大楼在20世纪五六十年代时的住户主要以银行职员与教师（1949年后有许多银行职员转行成为教师）为主，现仍以上述居民或是他们的后代为主要居民。位于石门二路3号德义大楼底层，由宋庆龄女士于1959年题写牌匾的“少年儿童书店”是上海成立最早、规模最大的少儿读物专业书店，曾印刻了几代人满满的温馨回忆。另外，同位于大楼底层的“南京理发店”曾是引领一代人时尚的风向标。

著名音乐家屠巴海是德义大楼内的名人住户。他于1942年出生在四川，幼年时随同父母移居上海并在音乐领域内表现出极高的天赋，后于1962年在一次上海音乐学院的独奏音乐会上一举成名。20世纪90年代后，屠巴海逐步迈向艺术创作的高峰时期，上海举办的各种大型文化活动中都留有他的作品，其中以他为淮剧电视连续剧《金龙与蜉蝣》创作的配乐主题歌最为大家所熟知，该剧曾荣膺全国戏曲电视片金奖。屠巴海除了艺术成就很高外，还是一位热心公益的人，他曾为上海慈善基金会谱写《蓝天下的至爱》会歌，这首会歌曾在“九十年代最受观众喜爱的歌曲”评比活动中获得了金奖。

德义大楼如今已走过了近90年的光阴，近些年来，随着居民对于生活质量的要求日益提高，德义大楼设计建造上一些不适宜家庭居住的问题逐步凸现出来，这也将是德义大楼在接下来的时间中所需要面对的主要问题。

西王小区（摄于2018.2.11）

链接阅读

西王小区位于奉贤路68弄（近石门二路北京西路），原为程谨轩家族于1911年投资建造，旧称王家库花园。王家库是老上海地名，范围大致东到大田路，西接北京西路近泰兴路，南起南京西路、凤阳路，北至北京西路。以石门二路为界，路东称为东王家库，路西称为西王家库。

砖木结构的西王小区（摄于2018.2.11）

位于南京西路的创始于1945年的“王家沙点心店”即是取“王家库”的谐音，西王小区为花园公寓里弄住宅、砖木结构，具有安妮女王建筑风格（红砖墙面，连续券柱式构图，外立面花饰繁多显得优雅美观）。著名作家、记者、社会活动家史沫特莱曾居住于此。

安妮女王建筑装饰（摄于2018.2.11）

12. 国际饭店背后的四行储蓄会

国际饭店（摄于2016.10.2）

国际饭店旋转门（摄于2016.6.10）

建筑地址：南京西路170号（近黄河路）（交通：地铁1号线/2号线/8号线“人民广场”站下，步行约5分钟到达）

建筑特色：大楼整体采用钢框架结构，仿当时美国摩天大楼的造型设计。建造时为克服上海土质松软的问题，特意采用了400根33米长的木桩与钢筋混凝土筏式基础来增强地基。大楼地上22层、地下2层，曾享有“远东第一高楼”之美誉，因当时沪上高出20层的建筑极少，故而“国际饭店”也就有了“仰观落帽”之说。大楼外立面主要以棕色泰山面砖贴面，垂直线条明显，整体风格庄重典雅。2~3楼的南立面还装有当时上海十分少见的玻璃幕墙，引领了当时的时尚潮流。大楼15层以上逐层收进，呈阶梯状，是较为典型的装饰艺术派的设计手法。

建筑历史及相关掌故： 邬达克设计的国际饭店读者都很熟悉，而它背后的开发商“四行储蓄会”的故事却一直少有人详细提及。

四行储蓄会源于当时有“北四行”之称的盐业、金城、大陆、中南四家华资银行发起的“四行联合经营”，储蓄会是“四行联合事务所”下属的一个机构。

“四行联营”的雏形源于1921年由盐业、金城、中南三家银行为

四行储蓄会联合大楼（摄于2015.10.3）

扩充资本、提升信誉、扩展业务、互通有无而设立的“三行联合营业事务所”。一年后，大陆银行决定加入，变“三行”为“四行”，“四行联营”正式拉开序幕。

“四行联营”后首先关注的问题便是中南银行的钞票发行[㊀]，为此四行专门设立了“四行准备库”，对于钞票发行“准备十足”以彰显四行的信誉及实力。20世纪二三十年代的中国金融界波动频繁，“四行联营”后也曾遭遇多次挤兑风波，但每次风波均在数天内得以平息，由此足见四行实力之雄厚。至1935年南京国民政府统一货币推行法币前，中南银行发行钞票的总额已逾亿元，在国内银行界仅次于中国银行。

发行钞票的同时必然也需增强自身的储蓄力度，为此在1923年时，四行决定于联合营业事务所之下设立“四行储蓄会”，以“保本保息+分红”这种较为稳健的模式吸引储户，结果收效甚好。至抗战全面爆发前，“四行储蓄会”的储金达亿元，在同行业中高居翘楚。

拥有了雄厚资本的“四行储蓄会”自然也不想错过进军地产业的机会，但因时运不济，20世

㊀ 中南银行是“北四行”中唯一一家曾拥有钞票发行权的银行，这项“便利”为后来“四行联营”的发展带来了契机。

纪30年代后的上海接连受到世界经济危机和白银危机的影响，楼市一度萧条，因此“四行储蓄会”实则并未在地产业中捞到多少好处。笔者统计了一下“四行”曾在上海投资建造的产业，主要有：四行储蓄会联合大楼（四川中路汉口路口）、国际饭店（南京西路170号）、四行大楼（四川北路1274~1290号）、古拔公寓（富民路197弄），以及四行仓库（光复路1号）。

在这些“四行”昔日的产业中，“国际饭店”无疑是最知名的一幢。这幢竣工于1934年的“远东第一高楼”由著名建筑师邬达克设计，陶馥记营造厂承建。1934年12月1日，在国际饭店首任董事长钱新之的陪同下，当时的上海市市长吴铁城以“金质剪刀”剪彩，以此开启了“国际饭店”非凡而又精彩的历程。从此，众多名人的故事都与这幢大楼产生了关联。

1935年2月18日，上海各界数百人欢送著名京剧表演艺术家梅兰芳先生出访苏联前的茶话会在国际饭店二楼举行，梅先生在会上说：“俄国是一个文学、戏剧、音乐最伟大的国家，如果兰芳去俄国，固然是可以借这个机会去参观参观、研究研究，也或者可以得到一些见识回来。”一年后的3月间，美国著名喜剧表演艺术家卓别林抵沪，梅先生在国际饭店与这位昔日的老友再次重逢并相谈甚欢，卓别林曾双手按着梅先生的双肩说：“记得6年前，我们在洛杉矶见面时，大家的头发都是黑色的。你看！现在我的头发大半都白了，而你呢，却还找不到一根白头发，这不是太不公道了吗？”以此一展喜剧大师诙

規模偉大之
國際大飯店今日開幕
吳鼎昌氏舉行揭幕禮

国际饭店揭幕报道

时上海市市长吴铁城与梅兰芳（梅兰芳访苏前欢送会上合影）

卓别林与梅兰芳

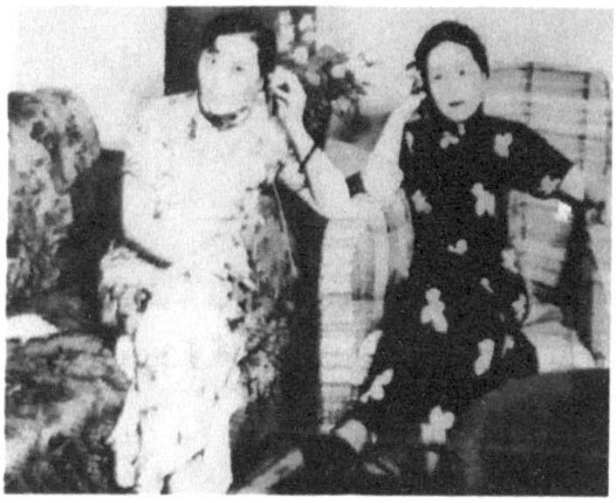

宋美龄与宋霭龄在国际饭店

陈纳德与陈香梅

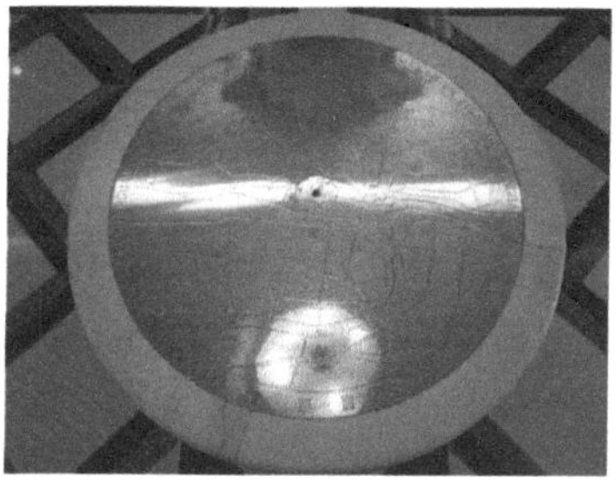

上海城市坐标原点（摄于2017.10.20）

谐幽默的天赋。

1937年5月19日，上海与北美国际长途电话的启动仪式在国际饭店的二楼隆重举行。宋美龄在此与美国总统罗斯福夫人越洋通话后说："科学真是万能，我想我们世界上的妇女，应该鼓励科学家设法维持人类的生命，求和平永远保持下去。"

"飞虎将军"陈纳德与陈香梅婚姻的种子也是在"国际饭店"播种下的。在1946年年底的一次晚餐中，陈纳德在国际饭店向陈香梅倾诉衷肠，两人于一年后最终迈进了婚姻的圣殿。

抗战胜利后，南京国民政府对于银行业的规定与限制愈加收紧，"四行联营"不得以改组成为"联合银行"，经营也随着后来的通货膨胀而进入倒计时，昔日辉煌终未能再现。

中华人民共和国成立后，"国际饭店"又迎来了一个崭新的时代。1950年11月，为统一上海的平面坐标系统，当时上海市地政局就以国际饭店楼顶中心的旗杆作为原点来对全市进行测量，国际饭店也因此又多了一个"上海城市原点"的美称。20世纪90年代对大楼内部进行改造时，又在底层大厅设立"上海城市坐标原点"供游人参观，感兴趣的读者可以去一探究竟。

进入21世纪后，上海的变化日新月异，城市的高度也在随着时间的推移而被不断地刷新着，国际饭店——这位昔日的“远东巨人”虽然早已不再是上海的第一高度，但它的传奇仍在继续。近年来，随着“邬达克”在沪日益走红，越来越多关注的目光又重新聚集到了这幢昔日“远东第一高楼”身上。

昔日“远东第一高楼”（摄于2016.10.2）

链接阅读

四行仓库位于光复路1号（位于西藏路桥西北角），现为爱国主义教育基地“四行仓库纪念馆”。该仓库建造于30年代初，原为大陆、金城、盐业、中南四家银行建造。“八一三”淞沪会战后期，南京国民政府为向世界彰显中国坚持抗战的决心及掩护其他国军转移，国民革命军88师524团下加强营400余人在谢晋元将军的率领下“对外号称八百壮士”在此与日寇激战四昼夜，抒写下雄浑悲壮的爱国史诗。

四行仓库（摄于2016.9.26）

四行仓库纪念馆内的抗战战场复原场景（摄于2015.10.22）

盐业银行大楼位于北京东路280号，20世纪30年代初建造，以新古典主义风格为主，据说为通和洋行设计。盐业银行于1915年在北京成立，主要发起人是在清末时担任长芦盐运使的张镇芳（袁世凯兄嫂之弟）等人，因原拟由盐务署拨给官款并经收全部盐税收入，故名“盐业”。盐务署不予支持后，银行由官商合办改为商办。1917年张勋复辟时，张镇芳因参与其中而被捕，后由有中国银行背景的吴鼎昌继任总经理。盐业银行在北洋政府时期业务最为发达，曾为私营银行中实收资本最多者之一。南京国民政府成立后，该行随之将业务重心逐步南迁，现位于北京东路280号的原盐业大楼就是该行南迁后在上海的主要办公地点。

金城银行大楼位于江西中路200号，约建造于20世纪20年代中后期，以新古典主义风格为主，华人建筑师庄俊设计，该楼现为交通银行使用。“金城银行”于1917

盐业银行大楼（摄于2017.9.5）

年在天津成立，发起时主要股东有安徽督军倪嗣冲家族以及安武军后路局总办王郅隆等人，时在交通银行总行稽核科任职的周作民出任金城银行的总经理，该行在成立后至1927年前，经营重心也在北方。金城银行成立初期的运营主要依靠官僚军阀与交通银行的支持。据徐国懋、邵怡度在《金城银行简史》中所介绍，北洋政府时期，中国银行与交通银行两行代理国库，交通银行在天津的分库就设在金城银行总行内，并由金城稽核长吴延清兼任分库主任；北洋政府调拨给各地的军饷，交通银行会分出一部分给金城银行承办；在“西原借款”[㊀]中，交通银行所借款项有部分也由金城银行代办。1927年北洋政府失势后，金城银行通过其与江浙财阀之间的关系而逐步向南京国民政府靠拢，业务重心也随之南迁，现位于江西中路200号的金城大楼就是该行南迁后在上海的主要办公地点。该行于1929年独资创办的太平保险公司在“交通”“中南”“大陆”“国华”“东莱”等银行加入联营后迅速壮大，成为当时保险业中的巨鳄。

大陆银行大楼位于九江路111号，约建造于20世纪30年代初，以装饰艺术派风格为主，基泰工程司设计，该楼现为“上海国际信托有限公司”使用。“大陆银行”于1919年在天津成立，发起时的主要股东有北洋直系军阀首领冯国璋、“辫帅”张勋等，时在中国银行任职的谈荔孙出任大陆银行的董事长（后又任总经理）。谈荔孙在

金城银行大楼（摄于2017.10.27）

大陆银行大楼（摄于2017.9.5）

㊀ 1917—1918年间段祺瑞政府和日本签订的一系列公开和秘密借款的总称。——编者注

当时的中国金融界也是一位难得的人才，其曾在1916年那场著名的“中行抵制停兑风波”中力主“无限制兑现”以维护银行信用，由此深得冯国璋赏识。受谈荔孙曾在中国银行任职的影响，他掌管的大陆银行的所有规章制度均以中行为蓝本，经营方式也同样参照中行的作风，凡事以谨慎稳妥为主。直至谈荔孙去世前，大陆银行参与投机的记录都少有见闻。南京国民政府成立后，大陆银行的业务也随之逐步南迁，现位于九江路111号的原大陆大楼便是该行南迁后在上海的主要办公地点。

中南银行大楼位于汉口路110号，1917—1921年建造，以新古典主义风格为主，马海洋行设计，该楼现为“天津银行”使用。中南银行于1921年在上海成立，由南洋华侨黄奕住等人发起创办，是四行中唯一一家主要由华侨投资创办的银行。该行成立后，由曾在交通银行任职的胡笔江担任总经理㊀，在管理上实行更有助于业务发展的股权、经营权分离的模式。清末至20世纪30年代中期南京国民政府推行法币前这段时期内，有部分银行经批准是可以独立发行钞票的，中南银行便是其中之一。1921年，北洋政府批准中南银行可以发行钞票，此举为后来的“四行联营”奠定了基础。

四行储蓄会联合大楼位于四川中路261号（近汉口路），“北四行”于20世纪20年代中后期投资建造，折中主义风格，是邬达克在上海的主要作品之一，国际饭店前是“北四行”在上海的标志性建筑，该楼现为“上海银行”使用。

中南银行大楼（摄于2017.9.5）

四行储蓄会联合大楼内景（摄于2014.10.31）

㊀ 因胡笔江与盐业、金城、大陆三家银行的高层关系密切的缘故，原本身处南方的中南也名列“北四行”之一。

13. “电影一哥”大光明大戏院

大光明大戏院今日街景（老上海的电影院较多被称为大戏院或影戏院）（摄于2016.10.2）

建筑地址：南京西路216号（近黄河路）（交通：地铁1号线/2号线/8号线“人民广场”站下，步行约5分钟到达）

建筑特色：钢筋混凝土结构，外立面简洁，横竖线条交错，入口上方由大片金色玻璃装饰，靠西面有一长方体半透明玻璃灯柱，在夜晚会显得尤为绚丽。影院内部以金黄为主色调，给人以豪华与温暖的感觉，无处不在的“流动线条”是邬达克在当时比较喜欢的设计手法之一，充分彰显了那个年代上海的摩登之风。在大光明的地面上时常可以看到一些被称之为“邬达克密码”的印记，事实上，在这些密码中隐藏着几个拉丁字母，整合起来即是设计师自己的名字（L.E.HUDEC），他想用这样的设计来表达自己对于这个建筑作品的满意与喜爱。

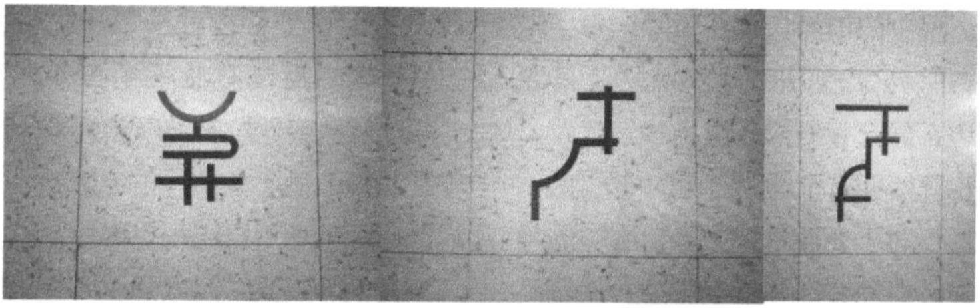

大光明电影院中的“邬达克密码”（摄于2017.10.20）

放映厅大门上的“Art Deco”线条（摄于2017.10.20）

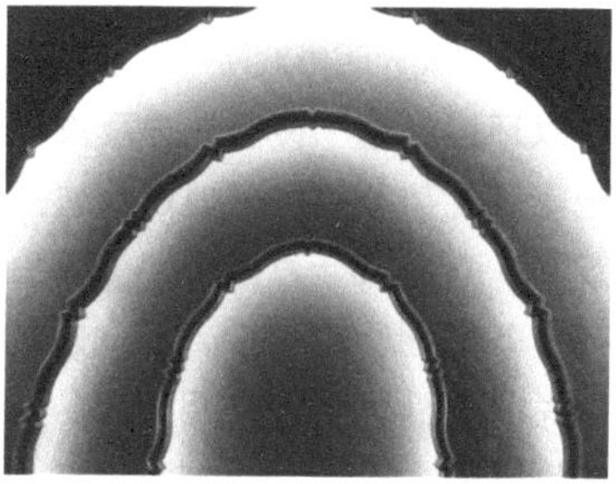

水波纹状绚丽天花板（摄于2016.6.10）

建筑历史及相关掌故：“大光明”三个字在许多老上海人的脑海中不仅仅只是一家“电影院”这么简单，这个曾经标志着上海电影娱乐业“巅峰水准”的名词自其开办起就仿佛与上海结下了不解之缘，被许多“影迷”视为心中无法被取代的“观影圣地”。穿过一道“由Art Deco”线条组成的放映厅大门，仰望着放映厅内犹如流水波纹般的绚丽天花板，“大光明”的放映就要开始了……

“大光明”所在的南京西路原名“静安寺路”，为1862年时英租界当局为应对太平军进攻而“越界辟筑”。1899年公共租界西拓后，越来越多名门望族和富商巨贾开始在静安寺路周边置产落户，为后来静安寺路的繁荣奏响了序曲。西班牙人雷玛斯对于电影在上海的推广和普及起到了至关重要的作用，其自1908年在现虹口区乍浦路与海宁路转角口搭建“铁皮房子”播放电影后，又接连在上海开办了维多利亚、万国、夏令配克、恩派亚、卡德等多家影院，其中“夏令配克”（后在该地又建造起大华大戏院，即后来“新华电影院”的前身，现已拆除）与“卡德”两家就开在静安寺路及其周边。静安寺路从20世纪10年代起，也开始拥有了属于自己的电影院。

对于充斥着“中上阶层”的静安寺路而言，两家电影院显然是不够的，在“利益与需求”的双重驱使下，更多更为高档的电影院从20世纪20年代开始在这里陆续登场，“大光明”便是其中的佼佼者。

说起大光明，大家比较容易忽略的是在上海历史上曾经出现过“两代大光明”。1928年，潮州商人高勇清（又名高勇醒）与他人合资在现“大光明”的同址上建造了以“西洋古典”为主要建筑风格的“大光明影戏院”，并聘请著名作家周瘦鹃担任广告部主任。同年12月31日，“大光明影戏院”正式开业，首映影片为美国电影《笑声鸳影》，京剧名家梅兰芳先生为影戏院揭幕时称之为“梅开光明”。“大光明影戏院”开业后一度以环境优越、设备先进及首轮电影等优势吸引了不少观众前去观影，而1930年发生的“《不怕死》事件”是该影院最终走向末路的关键原因。1930年2月21日，美国派拉蒙公司大片《不怕死》在上海“大光明”和“光陆”两家影院上映，影片放映后不久即因其中大量的“辱华镜头”而在沪上华人领域引起轩然大波，“大光明影戏院”的营业额由此一落千丈。1931年10月，开业不到三年的“第一代大光明”被迫宣告停业。就在其停业后不久，一位电影界大鳄的出现使得本已“积重难返”的“大光明”终又“起死回生”，谁都不会想到，这次“大光明”的归来将为上海电影史上抒写下一段“登峰造极”的传奇，从这一刻起至今后的很长一段时期内，“大光明”三个字将一直成为上海人对于“观影生活”的“终极渴望”，当时一般“工薪阶层”曾一度以能上“大光明”看一次电影而引以为傲。

这位拯救了“大光明”的电影大鳄名叫卢根，是一位英籍华人。20世纪20年代他在取得美国各大影片公司电影放映代理权后开始涉足沪上电影界。在与他人合资成立联合电影公司并出任高管后，卢根在沪上的电影事业风生水起，最辉煌时曾一度拥有“大光明”“国泰”“光陆”“卡尔登”等上海知名高档影院，现“大光明电影院”便是他在1932年买下原“大光明影戏院”后推倒重建的。“第二代大光明”的设计者就是邬达克，其与卢根早在此前就有过亲密合作，1923年在派克路近白克路（现黄河路近凤阳路）处落成开业的“卡尔登大戏院”（后来的“长江剧场”）即是两人之前合作的产物。

新的“大光明大戏院”于1933年6月14日隆重开业，首映影片为美国米高梅影片公司的大片《热血雄心》。新“大光明”不仅建筑设计新颖且设施先进、服务优质，除仍继续保持美国各大影片公司首轮电影的放映优势外，其在开业初即花巨资从美国购进“Carrier”牌空调（开利空调），使得室内温度能够始终调节自如，为吸引观众再置下一大法宝。“大光明”的服务是非常人性化的，比如每个座位后都装有挂钩，这是为方便观众安放饮料瓶所特别安置的；在靠近走道的一排座位旁都装有带圆圈的小凳子，这是给婴幼儿特意准备的；此外，观众还可以在腰果形状的休息厅中小憩片刻。

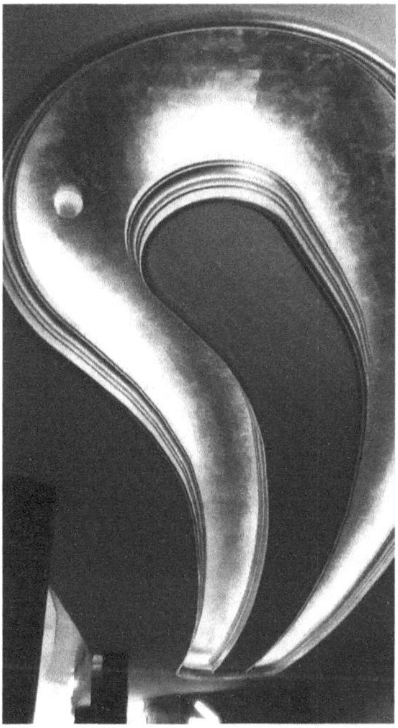

大光明内景（摄于2015.8.11）

正所谓“细节决定成败”，“大光明”在细节上的精益求精为它日后在与沪上各大影院的激烈竞争中打开了通往成功的大门，“远东第一影院”的美名从此享誉国内外。不光是播放电影，许多重要的演出与活动也会选择在“大光明”举行。1936年1月9日，租界工部局乐队和上海雅乐社在此演出海顿清唱剧《创世纪》；1936年2月25日，世界男低音之王夏里亚宾在此举行演唱会；1936年6月，当时的上海市市长吴铁城在此欢送我国奥运代表团……1939年对于“大光明”是一个值得纪念的年份，就在这一年，“大光明”又添“观影神器”——“译意风”耳机的出现让观众首尝“译制片”的风采。著名表演艺术家卢燕还曾在“大光明”担任过“译意风小姐”。

卢根作为“大光明”老板的时间并不长，20世纪30年代中期后便因资金链断裂而宣布破产。“大光明”在一度由美国人管理经营后，与国泰、卡尔登两家影院一起被浙江实业银行收购，“浙实行”在此基础上开办国光影院公司并由朱博泉出任总经理，从此已跻身金融家、教育家行列的朱老板身上又增添了一层

"著名电影人"的光环。

时间来到了2010年后，经过精心修缮后的"大光明"再一次迎来了属于它的春天，随着"邬达克"在上海的声名远扬，越来越多的年轻人也开始怀着好奇而又憧憬的心情来到"大光明"，一睹其昔日"沪上摩登坐标"的风采。可以说，"大光明"的沪上传奇仍在继续中。

大光明内景（摄于2017.1.20）

链接阅读

影戏院的繁荣是当时上海摩登的重要标志之一，以下再为大家介绍几处上海知名的影戏院。

国泰电影院位于淮海中路870号（近茂名南路），原名国泰大戏院，由英籍华人卢根等创办的联合电影公司租地投资建造（该地块据说当时为新沙逊洋行产业），1932年建成，鸿达洋行设计，装饰艺术派风格明显。"国泰"的英文名"Cathay"实则就意为"华懋"，暗指与新沙逊洋行的"华懋饭店""华懋公寓"等同宗。国泰的开幕电影为美国米高梅影片公司的《灵肉之门》，以放映欧美电影为主，曾是霞飞路（现淮海中路）众电影院之翘楚。1954年，国泰

国泰电影院（摄于2017.1.20）

大戏院改称国泰电影院，后一度改名“人民电影院”。

上海音乐厅位于延安东路523号（近西藏南路），原名南京大戏院，1929年由何挺然创建的南怡怡电影公司（后改名为联怡电影公司）投资建造，由著名华人建筑师范文照设计，以新古典主义风格为主。戏院于1930年3月以美国电影《百老汇》作为揭幕影片，之后也以播放美国影片为主，其中影片《泰山情侣》（即“人猿泰山”的故事）曾轰动一时。1959年改名为“上海音乐厅”。2003年时做过整体平移。

上海音乐厅（摄于2017.2.23）

兰心大戏院位于长乐路茂名南路口，20世纪30年代初建造，由新瑞和洋行设计，带有装饰艺术派风格。“兰心大戏院”原位于圆明园路、香港路一带，为1866年时由西方侨民组织的“西人爱美剧社”所建，当时戏院的英文名为“Lyceum Theatre”，后被学者王韬译为“兰心”。约1871年时，“老兰心”曾遭遇火灾，后又在原址上重建。现址上20世纪30年代初建造的“新兰心”在竣工后起初仍为侨民活动的场所，1934年，两个德国民间团体——“上海中德协进会”与“东亚学会”——曾在此举办过“中国古诗音乐会”。20世纪50年代后“兰

兰心大戏院（摄于2016.3.26）

美琪大戏院外景（摄于2016.1.1及2016.4.14）

心大戏院”曾改名为“上海艺术剧场”，后于90年代初又恢复原名。1959年，轰动一时的小提琴协奏曲《梁祝》首次公演就是在这里举行的。

美琪大戏院位于江宁路奉贤路口，由亚洲影院公司㊀于1939—1941年建造，由范文照设计，具有现代派与装饰艺术派相结合的建筑风格。

关于“美琪”二字的来源，说法有二：①戏院开张前曾公开征名，“美琪”二字取“美轮美奂、琪玉无瑕”之意；②戏院附近的现南汇路原名大华路（英文名为Majestic Road），美琪乃是取其英文名的谐音。戏院首映为美国影片《美月琪花》，开业后即成为欧美影片的首轮影院，票价不菲。抗战胜利后，京剧大师梅兰芳的复出演出即在此举行。

美琪大戏院内景（摄于2016.4.14）

㊀ “国光”与“联怡”两家电影公司于1938年联合组建亚洲影院公司，该公司于1946年期满结束。

14. 和平饭店与“翘脚沙逊”

和平饭店（摄于2016.10.2）

建筑地址：中山东一路20号（近南京东路）（交通：地铁2号线/10号线“南京东路”站下，步行约10分钟到达）

建筑特色：建筑平面呈现A字形，装饰艺术派风格浓郁，外立面垂直线条明显，在檐口与腰线处刻有花纹，外墙多用花岗石贴面，顶部以“金字塔”形作为装饰，在整个外滩天际线中显得别具一格。

和平饭店门厅（摄于2016.12.18）

建筑历史及相关掌故：作为外滩的地标性建筑之一，和平饭店多年以来一直以其高贵典雅的形象迎送着南来北往的客人，当年它的开发商维克多·沙逊（Victor Sassoon）更是上海近现代历史中无法绕开的一位人物。关于他的故事，我们还要从19世纪中叶的沙逊洋行说起。

沙逊洋行与怡和洋行、太古洋行、英美烟草公司并称为英商在华的“四大财团”，由塞法迪[㊀]犹太富商大卫·沙逊（David Sassoon）创办，1872年其次子伊利亚斯·沙逊（Elias Sassoon）自

㊀ 犹太人分支之一，最初生活在欧洲的伊比利亚半岛，15世纪时因当地“排犹”其中部分人迁徙至中东地区，多数人开始在巴格达一带定居下来。18世纪末19世纪初，巴格达等地也发生了规模浩大的“排犹”活动，他们不得不再一次迁徙，其中有些人在途经印度及东南亚等地后来到上海，后成为上海诸多犹太人中最有经济实力的一支。

立门户，是为“新沙逊洋行”，并逐步开始赶超“老沙逊洋行”。伊利亚斯去世后，其长子雅各布·沙逊（Jacob Sassoon）继承“新沙逊洋行”当家宝座，上文中所提到的维克多·沙逊即是这位雅各布的侄子，其约在1916年（雅各布去世后）正式成为“新沙逊洋行”的实际掌舵人，因其曾在一战中受伤导致瘸腿，故而也被称为“翘脚沙逊”。我们现在许多文章中提到的“沙逊”也多指这位“维克多·沙逊”。

沙逊财团在沪上的发迹主要起源于罪恶的鸦片贸易，“新沙逊洋行”兴起后才将其业务重心逐步转移到地产领域（“老沙逊洋行”在20世纪初“禁烟”于上海兴起后逐步没落）。值得一提的是，沙逊

维克多·沙逊

财团在当时沪上所涉及的行业极其广泛，在“洋布”、金融、保险等诸多领域中都能寻觅到这个财团活跃的身影，在陈其鹿编著的《新沙逊洋行》一文中这样记录道：“（新沙逊）洋布间规模较大，订货客户众多，业务发达。当时上海天津路一带的‘宝泰’‘久大’‘同盛’‘宏昌’等洋布号，南京路的‘同茂盛’洋布号及著名的‘三大祥’（信大祥、宝大祥、协大祥）洋布店等，都是新沙逊的老客户……”由此可见，单把沙逊财团作为“鸦片贩子”或是“地产商”来看待是比较片面的，这个财团鲜为人知的地方一定还有很多。

沙逊财团在沪上投资地产始于1877年，至20世纪20年代初时，其在沪上已拥有近30处地产，占地约300亩，每年获利可观，在沪上地产领域俨然以王者自居。笔者归纳了一下，沙逊财团在“地产界”中的获利途径主要有二：①押款到期：即利用抵押方到期无力偿还借款的机会乘机收走抵押人的地产，比较典型的事例就是20世纪20年代初，安利洋行为缓解经营困难而将自己名下位于迈尔西爱路、霞飞路和蒲石路（现茂名南路、淮海中路和长乐路）一带的一大块土地抵押给新沙逊洋行以换取借款。数年后，安利洋行无法偿还借款，便只得将该块土地交与沙逊

经营，新沙逊洋行便在此基础上成立了后来在沪上地产界中声名显赫的“华懋地产公司”。现锦江饭店的北楼和中楼（原华懋公寓和格林文纳公寓，俗称“十三层楼”和“十八层楼”）就是在那以后被先后建造起来的。②租地造房：即依靠将自己“永租”的土地再转租他人的方式获取利益，租期一到，沙逊便可依照当时的规定将土地，包括当时租赁人建在该土地上的所有房产收归己有，沙逊以此方式所“收获”的各类房产不计其数，其中就有“国泰大戏院”与“东方饭店”（现上海市工人文化宫）。此外，沙逊财团还会不时地通过各种“偶然事件”来为自身的财富扩容，其中以利用1883—1885年中法战争期间上海“银根紧缺”而廉价购得富商徐润位于苏州河以北的大片土地一事最为典型。后来，新沙逊洋行就是在这片土地上建造起了当时名满沪上的“河滨大楼”。

在昔日诸多沙逊财团的沪上产业中，如果一定要挑选一处最为经典的建筑，那笔者认为非“沙逊大厦”（后和平饭店）莫属。这座竣工于1929年的高层建筑由当时闻名沪上的公和洋行设计师威尔逊（Messrs. G. L. Wilson）负责建筑设计，装饰艺术派风格浓郁，在国际饭店建成前曾雄踞“远东第一高楼”之位，顶部三角的设计灵感据说来自于金字塔。大厦竣工后，底层大堂与四楼以上部分为“华懋饭店”，其余部分亦有出租（荷兰银行与华比银行都曾在此办公）。享誉中外的“九国套房”以九个国家的主题元素布置，配之以长廊中点点闪烁的古铜色镂花吊灯，使整个建筑堪称艺术与奢华的完美结合。

“法国拉立克玻璃”是大厦内的“一大奇观”，乳白色的玻璃在灯光照射下会呈现出蓝色或是橘色

河滨大楼（摄于2017.5.10）

的光芒，为整个大厦的室内空间平添一抹奇异而又温馨的色彩。

从大厦东部楼梯缓步而上，又可见两块绘有人物造型的“彩色铅条玻璃”，这是当年俾根登公司为大厦所设计的艺术玻璃。这种玻璃原本在大厦主楼梯间有三块，现中间一块已丢失。

1937年8月14日对于沙逊大厦而言无疑是最为黑暗的一天，数颗炸弹在毫无征兆的情况下从天而降，“命中”大厦及其一旁的汇中饭店，死亡的阴影顷刻间弥漫于整个城市的上空……不多时后，又有两颗炸弹在距此不远的“大世界”门前落下，造成2000余人伤亡。陈纳德在回忆录中曾称这一天为“上海著名的黑色星期六”，而沙逊财团在上海的事业也由此开始走向下坡路。

1945年抗战胜利，沙逊在预感到“西方列强在中国开展大规模业务的日子将一去不返”后，开始将业务重心逐步移往海外，各项产业也在20世纪50年代后陆续改头换面，和平饭店、锦江饭店、新城饭店等成了那些年上海人心目中难以忘却的回忆。

古铜色镂花吊灯（摄于2017.5.10）

和平饭店（拉立克玻璃）（摄于2014.10.31）

彩色铅条玻璃（摄于2017.5.10）

和平饭店八角形玻璃穹顶（摄于2016.12.18）

锦江饭店中楼今景（摄于2017.1.14）

链接阅读

锦江饭店位于长乐路茂名南路交口，饭店的北楼和中楼原为新沙逊洋行于20世纪20年代中后期与30年代中期分别投资建造的“华懋公寓”（设计者有“爱尔德”与“安利洋行”两种说法）与“格林文纳公寓”（由公和洋行设计，后也称茂名公寓），曾有“十三层楼”与“十八层楼”之称。抗战胜利后，据说杜月笙曾在“华懋公寓”居住过。20世纪50年代，著名女企业家董竹君的锦江川菜馆与茶室入驻这里后，锦江饭店逐步成为这一片的主要代名词。举世瞩目的《中美联合公报》就是在这里的锦江小礼堂签署的。

锦江饭店北楼楼梯（摄于2017.1.14）

都城饭店（摄于2016.9.3）

都城饭店位于江西中路福州路交口，与一旁的福州大楼（汉弥尔登大楼）为姊妹楼，同为新沙逊洋行投资建造，由公和洋行设计，装饰艺术派风格明显，约在20世纪30年代中期建成开业，是当时沪上最高档的饭店之一。20世纪60年代时曾改名“新城饭店”，近些年名字又改回“都城饭店”，为锦江集团名下饭店，现位于地下室中的酒吧间仍然保留了最初的样貌格局。

河滨大楼位于北苏州河路、临河南北路、江西北路、天潼路，该地块于晚清时曾为宝顺洋行买办、轮船招商局会办徐润所有。1883—1885年中法战争期间，因上海“银根紧缺”，徐润被迫将该地块以低价贱卖给沙逊财团，后新沙逊洋行在这片建造“宝康里”“宝泰里”“洪福里”等石库门住宅以出租谋利。20世纪20年代起高层公寓开始在上海兴起，租界人口的持续增长也进一步带动了沪上地产业的发展，新沙逊洋行看准时机，在上述片区“拆旧建新”并于1931—1935年建成“河滨大楼”。大楼由公和洋行设计，以现代派风格为主，是那个时代上海体量最大的公寓之一。大楼从高空俯视呈“S”形，这样的设计在既解决通风采光问题的同时，又巧妙地与“沙逊”的首字母“S”联系在一起，可谓一举两得。另在大楼主要门厅的大堂地坪上还能看见有E.B.的字样，这是大楼英文名“Embankment Building”的缩写。大楼竣工后，原住户多为外国侨民，20世纪30年代后期也曾一度作为来沪犹太难民的接待点。另外，“环球”“米高梅”“哥伦比亚”等多家知名电影公司也都曾在此楼内办公。1949年后，许多知识分子开始入住此楼内，其中著名的有历史学家唐振常、画家吴青霞等。大楼后于1978年时加盖三层。

第4章 世界建筑博览会

正如上海『海纳百川』的城市精神一样，上海近代建筑也同样享有『世界建筑博览会』的美誉，无论来自何方，更无论源于何处，形态各异且造型优美的建筑风格在上海这片神奇的东方热土上，通过彼此之间的激烈碰撞而不断地融合着，由此造就了一部上海近代恢弘的建筑史诗，关于这些建筑的故事也一直流传至今。

15. “金融巨鳄”汇丰银行

“金融巨鳄”汇丰银行（一）（摄于2016.10.2）

建筑地址： 中山东一路12号（也称“外滩12号”，近福州路）（交通：地铁2号线/10号线“南京东路”站下，步行约15分钟到达）

建筑风格： 外滩汇丰银行大楼整体呈现新古典主义风格建筑特征，三段式明显，局部融入了古希腊与古罗马建筑的元素。底层为一个立面并设计有罗马风格的券拱；二至四层为建筑“中部”，六根爱奥尼柱子“撑起”建筑整体，使得建筑本身更加雄伟并富有艺术感；五层以上为“顶部”，希腊式的穹顶气势恢宏，并成为该建筑外立面的主要标志。

建筑特色： 大门前的一对铜狮“施迪”和“史提芬”是在英国定制的，名字据说来源于当时汇丰银行在香港与上海两位经理的名字。这对铜狮在上海市历史博物馆常年展出，现在门前的铜狮为复制品。

该建筑的主要看点，在于步入大楼后八角亭上方中央用“马赛克”彩色锦砖镶拼而成的“壁画”（据说由英国画师创作后再由意大利工匠制作而成），壁画分为里、中、外三层：内层为古希腊神话中太阳、月亮、丰收三神的形象；中层为黄道十二星座图；外层为上海、香港、纽约、伦敦、巴黎、东京、曼谷、加尔各答八座城市的景象并配以这些城市守护神的形象，象征着汇丰银行在世界各地的业务发展。在每幅壁画之间的柱头上方还各有一个英文单词，连起来就是“All men are brothers within the four seas”（常译为四海之内皆兄弟。该壁画在20世纪50年代中期后曾一度被覆盖，20世纪末才“重见天日”）。整个建筑曾被誉为“从苏伊士运河到远东白令海峡间‘最’讲究的建筑”（评价较多，还见过“最豪华”“最华贵”“最考究”“最美丽”等）。

建筑历史及相关掌故： 上海开埠后许多外商出于“淘金的梦想”而纷至沓来，随着他们的投资贸易规模逐年扩大，成立银行的设想逐步被洋行高管们摆上了议事日程。1864—1865年，在苏格兰人苏兰石（Thomas Sutherland）等人的筹划下，由大英轮船公司、沙逊洋行、太古洋行、旗昌洋行、禅臣洋行等联合发起的“Hongkong &

“金融巨鳄”汇丰银行（二）（摄于2016.10.2）

爱奥尼柱（摄于2017.1.13）

铜狮“施迪”和“史提芬”（摄于2018.3.27）

穹顶壁画（摄于2017.1.13）

Shanghai Banking Corporation”（简称“HSBC”，中文名：汇丰银行）正式创办，上海分行最初的行址被选在当时的“中央饭店”内[一]。约十年后，汇丰购置下大约现外滩近福州路的原上海运动事业基金会的土地并将分行行址迁往该处。新行址为一幢三层楼房，关于其来源说法有二：①在原上海运动事业基金会老楼的基础上改建而成；②“汇丰”重新建造，这幢楼一直被使用到20世纪20年代初“汇丰”建造新楼之前。

“汇丰”当时在沪上银行界的财力绝对可以用“首屈一指”来形容，究其原因，毫不夸张地讲，在很大层面上是沾了“晚清政府腐朽没落”的光。归纳下来原因大概有以下几点：①清廷在多次战败后所需支付的巨额赔款及自身“图强”所需要的经费有很多都来自于“汇丰”的贷款，贷款的代价就是清廷以关税、盐税等来作为抵押，如我们在史料中可以看到，李鸿章等晚清重臣经常会成为“汇丰买办”席正甫的“座上宾”，原因也就在于此；②晚清朝廷上下“贪腐成风”，“汇丰”瞅准这一“商机”，以“外商银行保护存户权益及为存户保密”为诱饵，大量吸收“赃款”；③清末民初社会政局动荡，达官显贵、富商大贾们在存款时为保险起见，会选择较为有实力的外商银行。仅此三项，再加之其又有操纵汇兑市场等优势，“汇丰”在较短的时间内便积累起了“富可敌国”的财富，这股势头一直到民国时期也未见任何“颓势”，包括后来南京国民政府发行“法币”时，“汇丰”也提供过相关“帮助”。另外还有一个不太被提及的层面，就是“汇丰”在沪的“成功”在客观上带动了大量“资金”流入上海，为近代上海的“畸形繁荣”起到了推波助澜的作用。

时间来到了20世纪20年代初，当时“汇丰”在沪上银行界的地位可谓“如日中天”，于是开始计划[二]在外滩行址处用一幢新楼来彰显自己在上海乃至在远东地区“一览众山小”的金融地位。计划很快就付诸实践，为扩大新楼规模，“汇丰”在拆除老楼的同时又购入了南面相邻（近福州路）的“别发洋行”和“美丰银行”的土地（也有说法称是“义源洋行”和“别发洋行”）。新大楼的建造开

㊀ 租用中央饭店底层对外营业，具体位置即后来外滩汇中饭店大楼处，原“中央饭店”建筑现已不存在。

㊁ 汇丰原本在20世纪初就有建造新楼的想法，后因一战爆发而耽搁。

始在老牌建筑设计事务所公和洋行[一]著名建筑师威尔逊的缜密规划下有条不紊地开展起来。“汇丰”新楼于1923年竣工，据称耗资达1000万银圆，约为汇丰银行两年利润的总和。6月23日落成那天，英国驻华公使亲自主持了落成典礼，当天的各界来宾据说有三千余人，场面空前。大楼除了建筑精美外，楼内在发电、蓄水、供暖、排风、电梯等各领域内的技术也均走在当时世界的前列。汇丰新楼落成后除自用部分外也有部分办公室用于出租，当时人以能在汇丰大楼上班而感到荣耀。

1945年抗战胜利后，汇丰在沪的业务量日益萎缩。20世纪50年代中期后，此楼成为上海市人民政府的办公场所；90年代时，浦东发展银行入驻该楼直到现在。

原汇丰大楼大厅（摄于2018.2.9）

㊀ 公和洋行在上海建筑领域的作品可谓数不胜数，除了汇丰银行大楼外，还有外滩原有利大楼、海关大楼、原麦加利银行大楼、原沙逊大厦、福州路江西中路交口原汉弥尔登及都城饭店姊妹楼、苏州河畔的河滨大楼、南京路永安公司大楼、虹桥路原沙逊的伊扶司乡村别墅和罗别根花园等等。老上海杰出的建筑设计事务所很多，不止有邬达克。

链接阅读

外滩是上海历史建筑的一面窗户，有“万国建筑博览会”之称，下面再为大家介绍几处外滩的主要建筑。

外滩2号，原为英国人于1909—1910年建造的“上海总会”。19世纪中叶上海开埠后，英国人是早先在沪最多的西方侨民，于是他们开始设想建造一处可供侨民社交及休闲娱乐的大型建筑。1864年，一座英式三层砖木结构并带有殖民地外廊风格的建筑在该地块拔地而起，英商上海总会的历史从此开启。

总会采取会员制，“侨民”需要定期缴纳相对高昂的会费才能成为其会员，非会员起初是不允许入内的。1879年，卸任后的美国总统格兰特来华访问时曾一度来到“上海总会”参加为他举办的欢迎仪式，据当时留下的文字记载来看，这个欢迎仪式盛况空前。时间来到1909年，原本的总会老楼在经历40余年的风霜雪雨后已显破败，总会开始规划在拆除旧楼的基础上新建新楼。由于资金充裕，计划很快被付诸实施。新楼由英国皇家建筑师学会会员H.Tarrant设计（H.Tarrant不幸中途去世，新楼由另一位建筑师A.G.Bray继续负责落实），室内装潢由日本建筑师下田菊太郎主持，新楼外观在整体呈

原上海总会（摄于2016.10.2）

现出英国古典主义风格的同时还融入了法式元素（如略带变换形式的法式孟沙屋顶）。楼内装饰奢华，建成之初便配有弹子房、阅览室、酒吧（长吧廊长约30多米，有远东第一之称），而位于北侧由史密斯和史蒂文斯公司（Smith Major & Stevens Ltd.）制造的电梯据说为目前国内仍在使用的电梯中使用年限久远的一部。

总会在新楼建成后因经营有道而数十年经久不衰，成为当时上海“侨民精英阶层”的一个重要聚会场所。1941年太平洋战争爆发后，上海总会被日本侵占，一度成为日军俱乐部。20世纪70年代以前，这里曾是“国际海员俱乐部”；1971年后又改为“东风饭店”；80年代后“上海第一家肯德基”入驻该楼底层，承载了那个年代孩子们的许多美好回忆。此楼现为外滩华尔道夫酒店。

外滩13号的海关大楼（也称“江海关大楼”）是上海的主要地标性建筑之一。上海的对外交往由来已久，在宋、元两代时上海地区就曾设有“市舶务”和“市舶司”。

“江海关”一词起源于清代康熙年间，1684年（清康熙二十三年），清政府宣布“解除海禁”，在广东、福建、浙江、江苏分别设立粤海关、闽海关、浙海关、江

原上海总会内远东第一长吧廊（摄于2018.2.14）

原上海总会电梯（摄于2018.2.9）

原上海总会内景（摄于2016.12.18）

海关大楼（摄于2018.1.12）

（苏）海关，“江海关”之名由此而来。其署址最初约设在上海县城大东门外黄浦江边（“县治东北五里面浦”），后于1853年“小刀会”起义时期被毁。1854年后，“江海关”开始被西方列强所控制并逐步将其职能重心迁往洋泾浜（现延安东路）以北。1857年，清政府选址外滩（即现址）重建海关，因其位于原江海关以北，故而也被称为“江海北关”。现在位于外滩13号的海关大楼为海关在移址外滩后所兴建的第三代海关大楼（前两代分别建造于1857年和

1893年），它建造于1927年，由公和洋行建筑师威尔逊设计建造，以新古典主义风格为主，在底层大堂的顶部可见用"马赛克"彩色锦砖拼贴而出的"沙船"图案，与上海航海事业的历史十分贴切。

海关大楼顶部设计有约四层高的钟楼，大钟为四面钟，从英国定制，据说与英国伦敦的大本钟为同一家公司生产制造，在当时名列"亚洲第一、世界第三"，钟声的乐曲原为《威斯敏斯特》，现为《东方红》。因海关大楼与一旁的汇丰银行大楼均出自公和洋行建筑师威尔逊之手，所以在设计风格上也比较接近，在感官上也给人以"一高一矮，一胖一瘦"的相对协调感，故而这两幢楼也被称为外滩的"姊妹楼"。该楼现仍主要作为上海海关使用。

外滩19号现址最初为1854年创办的中央饭店（Central Hotel），原建筑为一幢三层楼房，租界工部局曾在此召开过董事会。1865年时，此地被汇丰银行租借以作为该

底层大堂顶部的拼贴图案（摄于2017.1.13）

汇丰银行与海关大楼（摄于2016.10.2）

原汇中饭店（摄于2016.10.2）

行的上海分行。20世纪初时，中央饭店产权被英商汇中洋行买下，并由英商香港上海大酒店有限公司于1906年投资建造新楼，“汇中饭店”（Palace Hotel）由此诞生。

新楼由玛礼逊洋行[一]的建筑师司各特（Scott）等设计，立面采用红白砖墙相间的形式，英国新古典主义风格浓郁，内部装饰豪华至极并配有当时中国在饭店旅馆领域内最早的两部“奥的斯”电梯。饭店在建成之后立刻成为当时上海万众瞩目的焦点。

汇中饭店电梯（摄于2018.2.9）

汇中饭店楼梯间（摄于2016.12.18）

汇中饭店在建成时顶部曾设有屋顶花园，后在1912—1914年间因一场火灾而被严重损毁，我们现在看到的屋顶塔楼是1998年时参照历史照片复建的。汇中饭店同样也曾“亲眼见证”许多伟大历史事件的发生，1909年的“万国禁烟会”，1911年“辛亥革命”后上海各界欢迎孙中山先生回国就任“临时大总统”等铭记史册的历史大事件均在汇中饭店上演。1947年，汇中饭店一度被华商大庆公司购得产权，20世纪60年代中期改为和平饭店南楼，近些年又成为上海斯沃琪和平饭店艺术中心。

㊀ 玛礼逊洋行的创始人玛礼逊（Gabriel James Morrison）曾参与上海第一条铁路吴淞铁路的设计建造，他本人也曾被选为租界工部局的副总董。外滩的原中国通商银行大楼和原轮船招商局大楼等均为该洋行设计。

16. “金融航母”中国银行

“金融航母”中国银行（摄于2017.11.26）

建筑地址：①大清银行旧址（1912年2月后改组成为中国银行），四川中路汉口路口（四川中路268~270号，汉口路50号，近外滩）；②外滩中国银行大楼，中山东一路23号（也称“外滩23号”，近滇池路北京东路），以上两处建筑相距不远（交通：地铁2号线/10号线“南京东路”站下，步行约15分钟到达）

建筑风格与特色：1. 大清银行旧址：砖混结构，新古典主义风格，外立面构图严谨，纵向三段式划分明确，装饰集中于建筑入口和转角部位，具有巴洛克风格特征。大楼近些年在整修后处于新一轮待开发状态，目前不对外开放。

2. 外滩中国银行大楼：钢框架结构，在以装饰艺术派为主的建筑风格中融入了丰富的中国传统文化元素，外墙立面为金山石铺筑并饰以诸多“中国符号”，大门入口处上方镶嵌有

大清银行旧址（摄于2017.9.5）

巴洛克风格特征的砖混结构（摄于2017.11.26）

外滩中国银行大楼
（摄于2014.10.3）

"孔子周游列国"的石雕，楼顶为平缓的四方尖锥形，上面覆以绿色琉璃瓦，檐下还饰有石斗拱，整体感觉中国传统风格浓郁。

建筑历史及相关掌故： 在中国近现代金融史中，若论华资银行，中国银行是绝对的翘楚，笔者接下来就来讲讲中国银行在上海的那些往事。

中国银行的历史最早可以追溯到1905年由清政府设立的"户部银行"，该行后于1908年改名为"大清银行"。1911年辛亥革命后清政府风雨飘摇，各地的大清银行分行纷纷停业，唯有上海分行一家得以艰难维持并在南京中华民国临时政府成立后被改组为"中国银行"。1912年2月5日，新生的"中国银行"在原汉口路大清银行旧址（大楼建造于1908年，通和洋行设计）宣告成立，这里随即也就变为日后中国银行上海分行的所在地，并在很长一段时期内被"江浙财阀"牢牢掌控，成为当时中国金融界一处重要的风向标。

"孔子周游列国"石雕（摄于2017.11.26）

大楼建造于1908年（摄于2017.11.26）

在北洋政府初期，"中国""交通"两行形似"代理国库"，两行为政府财政大量垫款从而"滥发"钞票。1916年时，北洋政府为进一步聚拢财富以缓解财政危机，拟将两行合并，并推出一种不可兑钞票（钞票不可兑换更为保值的银圆）。这一消息传开后，两行的各大营业所门前均出现了"大排长龙"的挤兑人群，鉴于当时"挤兑"情况的严重性，1916年5月12日，北洋政府国务院对两行下达了"钞票停兑、存款止付"的命令，史称"停兑令"。"中行"上海分行在接到"停兑令"后，作为"江浙财阀"代表的经理宋汉章与副经理张嘉璈深知银行业信誉第一，于是他们一方面同心协力抵制"停兑令"的下达实施，另一方面通过各种方式充实银行"库存"，维护"中行""信誉"。北洋政府眼见二人"负隅顽抗"，便企图通过总行撤销分行经理职权的方式来为"停兑令"扫清障碍。两人得知后也灵活应对，他们巧妙运用当时法律中“银行经理在被起诉期间不得离任”的相关条文，故意让他人起诉自己，使得自身在“中行”的职务得以保全并能够继续坚守在抵制“停兑令”的“前沿阵地”上。加之当时江浙财阀和许多外商出于自身利益的考虑，也对两行千方百计地施以援手，因此这场“抵制”最终以“银行方胜利”而告终，“中行”上海分行也因此而名声大振，存款数额迅速增加。

1917年受时任北洋政府财政总长梁启超的推荐，原本站在北洋政府对立面的张嘉璈被任命为中国银行副总裁。其在担任副总裁期间，对“中行”进行了全方位的整顿改革，具体内容为：①修改《中国银行则例》，使正、副总裁不随时局变动而更迭；②限制“中行”对于北洋政府的垫款；③整顿“京钞”，通过发行公债等方式收回之前滥发的钞票；④扩充商股，增强银行自身活力。据洪葭管《张嘉璈在中国银行的二十二年》所介绍，经过十年的整顿，“中行”信誉日益提高，实力不断增强，至1926年“中行”存款达3.2848亿元，发行钞票为1.3742亿元，分别占全国25家重要华资银行存款总额和发行总额的35.1%和60%，在中国华资银行领域内“一马当先”。后来在南京国民政府的成立与巩固中，

张嘉璈

银圆

“中行”亦出力不少。英、美两国承认南京国民政府前的一次秘密会谈就是在张嘉璈当时位于极司菲尔路94号的寓所内举行的。1928年，“中行”总管理处迁往上海并被南京国民政府指定为特许的国际汇兑银行，张嘉璈荣登“中行”总经理宝座。

同当时许多有实力的机构会选择在上海投资地产一样，“中行”在上海建造及后来接手的地

产也为数不少，其中主要有：四川北路海宁路口中行虹口大楼、南京西路石门一路口同孚大楼、外滩中行大楼㊀、万航渡路中行别业、南京西路石门二路口德义大楼㊁等。另外，中行在苏州河沿岸还曾建有许多堆栈仓库。

在这些产业中，最为人津津乐道的就要数外滩“中行大楼”的高度问题。这幢建造于20世纪30年代中后期的大楼由公和洋行与陆谦受共同设计，以往多数说法一直称是因为地产大鳄沙逊的阻挠才使得中行大楼最终相较一旁的沙逊大厦“矮一截”，但事情的真相就是如此吗？笔者经多方查阅后发现，除了可能存在的沙逊加以阻挠外，20世纪30年代后开始波及上海的金融危机以及南京国民政府对于“中行”的逐步掌控极有可能是中行大楼最终放弃“外滩第一高楼”的主要原因。金融危机的影响分为两个层面，一个是1929年后爆发的世界金融危机，还有一个是1934年美国在推行“白银政策”后导致的中国白银外流，也称“白银风潮”。上述情况对于上海的影响一直要持续到1937年抗战全面爆发，故而中行在经济环境整体恶化的大趋势下不得不调整原本的建楼规划。另外，国民政府对于“中行”的逐步掌控也是不可忽略的因素，其通过“增加官股”等方式于1935年成功挤走了“江浙财阀”的代表张嘉璈等人，宋子文“空降中行”，“中行”至此彻底成为一家“国有银行”，它所面临的问题也不再仅仅是“自身发展”这么简单，结合当时社会整体经济状况“通盘考虑”后的“中行”最终选择了降低外滩大楼的高度。

外滩中国银行旧楼（原德国总会）

担负起“国家使命”的“中行”员工在抗战中坚守上海“孤岛”，1941年年初，汪伪政府成

㊀ 此地原本为德国总会，一战中中国对德宣战后被中行购入，后中行曾迁入这里办公，30年代中期决定拆旧建新。

㊁ 为地产商程霖生家族败落后转卖给中行。

立了中央储备银行并指示76号特工总部不择手段地强制推行中储券，以中国银行为代表的各大华资银行对此进行了坚决的抵制，“中储行”为此曾一筹莫展。太平洋战争爆发前后，日军开始在沪上一家独大，“76号”为虎作伥、大开杀戒，位于极司菲尔路的中行别业曾一度遭受“腥风血雨”，在1941年的一次“搜捕”中，“中行”就有120余位员工及家属被逮捕，后经金融界人士积极营救，多数人最终获释。

1949年后，“中行”在经过改组后仍用“中国银行”名，专营外汇业务，时至今日仍旧为国内最具实力的银行之一。位于外滩的中国银行大楼也继续为“中行”所使用，汉口路的“中行”诞生地也在修缮后期待新一轮的开发使用，中国银行的传奇仍在继续中。

链接阅读

同孚大楼：位于南京西路石门一路口，原为中国银行于20世纪30年代中叶投资建造，由陆谦受和吴景奇设计，以现代派风格为主，大楼的弧状造型是整个建筑最大的特色。该楼因临近吴江路，故也被称为“吴江大楼”。

20世纪40年代中后期“大上海都市计划”的参与者之一著名德国建筑师鲍立克曾居住于此。如今，大楼底层为工商银行营业厅，楼上为居民住宅。

中行虹口大楼：位于四川北路海宁路口，原为中国银行于1932年投资建造，由陆谦受和吴景奇设

外滩中国银行大楼街景（摄于2016.10.2）

同孚大楼（摄于2017.2.19）

计，建筑中融入了装饰艺术派与现代派风格的元素，是这个路口的标志性建筑之一。现大楼底层为工商银行与其他商家店铺使用，楼上为居民住宅。

中行别业：万航渡路623弄，原为中国银行于20世纪20~40年代陆续投资建造，以供本行员工与管理人员居住生活的小区，内有新式里弄、公寓、联排别墅等多种建筑样式，分级别提供给当时中行上海分行的一般员工、主任级行员、襄理（相当于经理助理）、副经理居住。中行别业主楼为

同孚大楼旋转楼梯（摄于2017.6.12）

中行虹口大楼（摄于2016.8.28）

中行别业主楼（摄于2017.3.25）

17. “神秘古堡”孙科别墅

孙科别墅（摄于2016.11.5）

建筑地址：番禺路60号和延安西路1262号（有两个入口）（交通：地铁3号线/4号线“延安西路”站下，步行约20~25分钟到达；地铁10号线/11号线“交通大学”站下，步行约20~25分钟到达）

建筑风格：孙科别墅整体呈现出较为浓郁的西班牙建筑风格，这种建筑风格在当时的上海以造价相对较低及造型美观等优势颇受社会中上阶层欢迎，在花园洋房领域内采用较多。

以西班牙建筑风格为主的孙科别墅（摄于2016.11.5）

西班牙风格建筑的主要特征包括，屋面采用红色圆筒瓦，墙面多为水泥拉毛或鱼鳞纹，部分楼层之间会有形似邮票齿状的线饰，建筑南面多会有券柱空廊，廊柱、门柱及窗柱等多会采用绞绳柱的样式，阳台或楼梯栏杆一般以铸铁栏杆居多。另外，在部分西班牙风格建筑中也会融入其他建筑风格元素，比较典型的例子有“多伦路250号”。

建筑特色：孙科别墅建筑主要以西班牙风格为主，另外也包含意大利文艺复兴时期建筑与巴洛克、哥特风格建筑的一些元素，我们至今仍能见到的屋面圆筒状瓦片、外立面的鱼鳞状拉毛、尖券拱门、内部绞绳柱子、尖拱顶、铸铁栏杆等都是上述风格中的主要特色。另外，建筑局部的不对称设计也流露出邬达克敢于尝试现代主义风格的大胆创新。房屋内外每一处细节都尽力做到极致完美，花园内的中式风情装饰、室内的柚木楼梯及用柳安木拼接而成的罗席纹地板等，每一处都无不显示出昔日房子主人的尊贵与奢华。

建筑历史及相关掌故：如今番禺路新华路一带在20世纪二三十年代的上海曾被叫作“哥伦比亚住宅圈”。在清末及民国时期，上海的富裕阶层和中产阶级极速发展，社会地位以及物质条件的提升使得他

孙科别墅内部楼梯间（摄于2016.10.29）

孙科别墅尖券门洞（摄于2016.10.29）

孙科别墅尖拱顶（摄于2016.11.5）

们对于生活品质的追求逐年递增。1924年“江浙战争”爆发，租界当局以保护租界安全为由大肆“越界筑路”，现在的番禺路（旧称哥伦比亚路）、新华路（旧称安和寺路）等马路就是在那个时期被辟筑出来的。租界势力的扩展引来了当时地产商们的关注，有一家美商普益地产公司敏锐地嗅到了这次商机，果断圈入了如今番禺路、新华路一带的大片土地，开始分批次地在这里兴建各式花园洋房，因现在的番禺路当时被称为哥伦比亚路，“普益地产”投资兴建的这一片住宅也就被称作“哥伦比亚住宅圈”或是“普益模范村”。一个庞大的地产计划开始在这一片土地上蓬勃开展起来。

好的计划需要有充裕的资金与杰出的设计，普益地产作为当时沪上一流的地产公司，加之其名下又有普益银公司（相当于现在的信托公司）及美丰银行的“辅佐”，在资金配置上自然不成问题，因此普益的老板——美国人雷文把更多精力投入到了建筑设计师的选拔上。或许是因同为匈牙利人的普益地产公司执行经理的从中撮合，建筑师拉斯洛·邬达克成为雷老板心仪的对象。

说到邬达克，“老建筑迷”们一定不会陌生，国际饭店、大光明电影院、沐恩堂、武康大楼等一系列沪上知名历史保护建筑都出自于他的手笔。20世纪20年代中期的邬达克在沪上建筑设计领域的知名度可谓风生水起、与日俱增，他在离开自己的老东家克利洋行后开始了自己的“单飞历程”，各类设计邀约如雪片般地向他“袭来”，普益地产就是这些“仰慕者”中的一员。除上文中提到“哥伦比亚住宅圈”以外，现永嘉路、乌鲁木齐南路、安亭路一带也有十余幢花园洋房及小型公寓为“普益”与邬达克合作的作品，甚至普益老板雷文自己的住所——现位于虹桥路龙柏饭店内的3号楼（原雷文别墅）也是邬达克为他亲自设计的，由此可见邬达克在普益地产的位置是何等重要。

邬达克通过自身的聪明才智逐步积累起了较为可观的资产，随着他几个孩子的相继出生和成长，他原本在吕西纳路（今利西路）的住所显得狭隘局促起来，为此他考虑为自己的家庭新建一处更为高雅、宽敞和舒适的新住所，可能是由于他当时与普益地产较为亲密的关系，并且考虑到建造成本相对低廉等缘故，他把营建自己新家的地方也选在了当时哥伦比亚路这一带。后来，据说邬达克为感谢当时的实权人物、孙中山先生之子、国民政府大员孙科在设计和建造慕尔堂（现西藏中路沐恩堂）的过程中曾给予的“雪中送炭”般的帮助，故而将原本属于自己的新家转让给了孙科居住，后来这处花园洋房也就常被人称作“孙科别墅”。邬达克之后在孙科别墅沿哥伦比亚路的斜对面（现番禺路129号）另建新家，此处现已成为闻名遐迩的邬达克纪念馆。邬达克一家在此一直生活到20世纪30年代后期，后来他们搬去了同为邬达克设计的，有“小国际饭店”之称的“达华公寓”（现延安西路达华宾馆）居住。

孙科

孙科别墅大约建造于20世纪30年代初，是孙科在沪期间居住时间较长的一处住所，孙科与其原配夫人陈淑英曾在此居住生活过。

孙科的一生可谓得意与失意并存，作为孙中山先生的长子，年方16岁的他就加入了同盟会投身革命，南京国民政府成立后又曾先后担任行政院长、立法院长等职。自旁人看来，身居高位的他在政治生涯上可谓“春风得意”。但平心而论，终孙科一生，尤其是在南京国民政府时期，他始终没有进入过真正意义上的政府核心决策层，地位也一直屈居于蒋介石等“实力派”人物之下，即便偶尔有与之分庭抗礼的机会，最终也是“昙花一现”，因此我们又可以说孙科的一生是“失意”的。“二夫人”蓝妮在孙科的一生中始终是一个无法绕开的话题，她原名蓝业珍，出生于一个富裕的苗族家庭，祖父曾任广东香山县知事，父亲曾是孙中山先生革命事业的追随者。1926年，蓝妮的父亲在突遭歹人袭击后丧失了工作能力，失去了顶梁柱的蓝家自此家道中落，为使家庭走出困境，在其母亲的安排下，蓝妮嫁给了当时南京国民政府官员李调生之子李定国为妻，并在李家度过了5年并不幸福的婚姻时光，最后以离婚而收场。蓝妮与孙科的见面是在1935年她同学家的一次宴会上，从此孙科被蓝妮所倾倒。两人于1936年走到了一起，并于1938年生下一个女儿孙穗芬。因孙科已有妻室，故而蓝妮被尊称为“二夫人”。再次结合后的蓝妮也不失一名女强人的形象。约1940年孙科夫人陈淑英来到重庆后，蓝妮为避免尴尬回到了上海，并凭借她在沪上的各种人脉周旋于各大势力之间。现位于复兴西路的“玫瑰别墅”就是她在那个时期投资建造的。后来在满街“玫瑰别墅纠纷案”和所谓“蓝妮事件”街头小报的多重声浪下，两人的关系也走到了终点。20世纪40年代后期，随着南京国民政府在正面战场上的节节溃败，孙科与他别墅的故事也告一段落。

中华人民共和国成立后，孙科别墅长期被用作上海生物制品研究所的办公用地。2016年，这里将被重新打造成为集新文化、新金融、新媒体为一体的综合性、体验性商务新地标，孙科别墅也将会以崭新的面貌出现在大众的视野之中，成为上海万众瞩目的焦点地标之一。

孙科别墅彩色玻璃窗（摄于2016.10.22）

链 接 阅 读

上海较为知名的西班牙风格建筑还包括：

永福路52号花园住宅建于20世纪30年代初，由哈沙德洋行设计。关于其老住户的说法较多，主要有：传教士布哈德、外汇经纪人“C. S. Tung”“爱纶盘根洋行”老板“Buchan”夫妇、挪威某船长，总之多为外国侨民。此宅现为上海电影集团公司使用，有些讲述老上海故事的影视剧会在这里取景。

汾阳路45号花园住宅原为海关副总税务司府邸（总税务司在天津），1932年建造，关于此宅的设计者说法较多。主要有德和洋行、邬达克和莫里森·享德三种。我国海关事业的传奇人物丁贵堂曾

永福路52号花园住宅（摄于2015.6.13）

永福路52号花园住宅旋转楼梯（摄于2015.5.10）

汾阳路45号花园住宅（摄于2014.10.5）

居住于此。此宅于20世纪50年代后曾长期作为上海海关专科学校使用，现为汾阳花园酒店。

多伦路250号花园住宅最初为“电影大王”西班牙人雷玛斯的私宅，于1924年建造，由西班牙建筑师赉丰（Yrron Lafuete）设计。雷玛斯离开上海后，此宅曾较长时间作为“日本海军陆战队司令府邸”，在此期间还曾一度做过日本人的幼儿园。抗战胜利后，此宅被南京国民政府接管并曾做过胡宗南西安绥靖公署的驻沪办事处，后来据说又转移到了孔祥熙家族名下。此宅现为居住住宅。

多伦路250号花园住宅（摄于2016.4.30）

涌泉坊愚园路395弄，原为烟草富商陈楚湘于20世纪30年代中叶投资建造的西班牙风格新式里弄住宅，由杨润玉、杨元麟、周济之设计，因该片里弄临近静安寺，而静安寺又以“涌泉”而闻名，故而在命名该片住宅时选择了“涌泉”二字。“弄底24号”的花园洋房为该片里弄中的精华所在，为当年陈楚湘建造后自住使用，因久藏于深弄内，多年来一直带有几分神秘色彩。

涌泉坊（摄于2017.1.31）

涌泉坊内24号陈氏老宅（摄于2017.1.31）

枕流公寓（摄于2015.4.26）

枕流公寓：华山路699~731号，据说原为李鸿章之子李经迈产业，由哈沙德洋行设计，于20世纪30年代初建造。“枕流”二字来源于《世说新语》“枕流漱石”的故事。曾经的住户有“金嗓子”周璇，表演艺术家乔奇、孙景璐，文艺理论家叶以群，《文汇报》总编徐铸成，越剧表演艺术家王文娟、范瑞娟、傅全香等。

枕流公寓彩色窗顶（摄于2015.4.26）

18. “童话城堡”马勒别墅

“童话城堡”马勒别墅（摄于2015.10.2）

建筑地址： 陕西南路30号（近延安中路）（交通：地铁1号线/10号线/12号线“陕西南路”站下，步行约10分钟；地铁2号线/12号线/13号线“南京西路”站下，步行约15分钟到达）

马勒别墅外景（摄于2017.6.17）

建筑风格： 马勒别墅整体属于北欧斯堪的那维亚式建筑风格，这种建筑风格在挪威、瑞典、芬兰、丹麦等国家比较常见。建筑平面相对自由，较为常见的特征有：屋面一般分为两段，上段比较陡峭，到檐口处的一段较为平缓，形成折坡屋面（这样的屋面可有利于抵御北欧寒风侵袭和减少屋面积雪）。山墙屋面较多设计成跌坡式，挑檐一般会较大，有的建筑会做成多层檐口。

斯堪的那维亚式建筑风格的马勒别墅（摄于2017.1.14）

主入口处石狮（摄于2014.11.6）

建筑特色：马勒别墅造型优美、做工精细，外表犹如一座“童话城堡”，又似一艘正在航行中的邮轮。别墅外立面以深褐色泰山砖贴面，并带有数个哥特式的尖顶，围墙以中式琉璃瓦压顶，主入口处有石狮一对，流露出原主人“中西合璧”的审美取向。

彩色拼花玻璃（摄于2014.12.7）

别墅的内部装饰也十分考究，走廊、楼梯及房间等各处都配有厚实的护墙板，精致雕花、拼花地板与彩色玻璃几乎随处可见，从别墅南面进入后仰视，可观赏到一块令人叹为观止的彩色拼花玻璃，这也是整座别墅中不容错过的亮点。

马勒别墅内的航海元素（摄于2017.1.14）

航海元素是别墅内最不容忽视的看点。由于马勒家族与航运业关系密切，故而其在别墅的设计上也融入了诸多该类元素，如上下起伏的楼梯、错落的层面，天花板上的舵轮图形等。游客在其中游览，宛若置身于一艘豪华邮轮之中。

建筑历史及相关掌故：关于陕西南路近延安中路的马勒别墅，一直流传着这样的一则传说，冒险家马勒靠赌马暴富后，为圆女儿在梦中所见而不惜一掷千金建造此宅。故事很美但毕竟不是事实，那历史上的马勒别墅又是怎么一回事呢？

马勒家族是犹太人，祖居北欧，有挪威与瑞典两种说法，后加入英国籍。19世纪中叶上海开埠后，与其他冒险家一样，怀揣着一腔“淘金梦想”的赉赐·马勒（Nils Moller）满怀憧憬地来到上海，当然，等待他的是无限的可能。

赉赐·马勒来沪后不久即创办了属于自己的企业——赉赐洋行。可能是因为其有过海员的经历，所以赉赐洋行初创后即涉足“航运”并逐步在该领域内有了一定的知名度。19世纪中后期来到上海做航运生意的商人通常船主与货主为同一人，船主在到达一个港口后需要将船上其自己的货物尽快售出以便回笼资金再进行下一轮的买卖，因船主本人对于所至港口相对陌生，故而需要熟悉当地者来协助其在港口进行货物买卖，赉赐洋行在19世纪中后期的沪上港口贸易中就是扮演这种角色，马勒家族在这其中赚到了来沪后的“第一桶金”。19世纪末这类生意因船主与货主角色的分离而逐步没落，马勒家族于是将事业重心转移到了“航运代理”上。

19世纪末20世纪初，赉赐·马勒年岁渐长，其在沪主要产业由其长子爱利克·马勒（Eric Moller）

考究的别墅内部装饰（一）（摄于2017.1.14）

考究的别墅内部装饰（二）（摄于2017.1.14）

接班。赉赐洋行在爱利克·马勒掌舵期间有了长足的发展，主要表现如下：

1. 从“航运代理”升级为“船运公司”，通过增强购船力度进一步扩大营运规模。至20世纪30年代，该公司的实力已跻身沪上航运公司前五名。

2. 完善船务后勤保障，增强轮船跟进维修。爱利克·马勒先于1925年租下元芳路黄浦江边（现商丘路、东大名路一带）修建“马勒码头”，后又于1928年在杨树浦复兴岛三角地江边购地20余亩开办马勒机器造船厂（即沪东造船厂的前身）作为维修船只的后勤保障基地，至1933年，该厂初具规模。1940年，在爱利克·马勒之子E.B.马勒和R.B.马勒的规划与主持下，该厂继续东拓，购置下浦东庆宁寺（现浦东大道2851号）一带约240余亩的土地兴建新厂房，规模进一步扩大。我们现在多数人只知晓浦西有一幢马勒别墅，殊不知在浦东原马勒机器造船厂厂址内也有一幢现代风格的马勒别墅，在薛顺生、娄承浩编著《上海老建筑》中对于该别墅有过详细介绍。因该别墅后来曾先后作为沪东造船厂党委办公室和厂部外宾接待室，所以一般游客很难一睹其真容。

马勒家族在经营航运的同时也有“赌马”的嗜好，其家族也确实因此而“有过收益”，但其“收益所得”却被后来人无限扩大化了。根据薛理勇《马勒家族与马勒别墅》一文中所介绍，从上海市历史博物馆藏有的档案信息来看，在1936—1937年，有两匹名为“Blonic Horse”“Blonic Hill”的骏马曾分别荣获这两年跑马总会秋季大香槟赛冠军，其中的一匹正是马勒别墅内铜马塑像的原型。

以此对照上文来看，马勒家族在20世纪30年代前早已致富，何来靠“赌马”暴富一说？“赌马暴富”说之所以能流传甚广，笔者分析主要还是迎合了部分人

马勒和爱马得胜归来

铜马塑像（摄于2014.12.7）

对于“一夜暴富”的向往，而跑马总会当年对于赌马的奖金实则并没有传说中的那么丰厚。幸福不会从天降，马勒家族的财富主要还是依靠其家族三代人在“航运领域”内近一个世纪的持续积累而成，拿“赌马”来作为其致富的主因显然是比较片面的。

而关于马勒别墅的造型源于“马勒女儿梦中”的说法，笔者认为这倒是有可能的。上文中已提及马勒家族是北欧人，而马勒别墅在整体上又呈现出浓郁的“斯堪的纳维亚”北欧建筑风格，故在北欧人梦中出现了一座北欧式的童话城堡也是合乎情理的事情。另从别墅内无处不在的航海元素装饰中也可以依稀感受到马勒家族与航海之间的关联。

在马勒别墅建成之前，这一地块据说曾为“开平大班住宅”，马勒家族在此兴建（也有说法为“改建”）别墅是在20世纪20年代中后期，别墅建造时期相对较长，直到30年代中叶才最终竣工，前后历时约8年时间。马勒家族直到1936年才入住其内。

1945年抗战胜利后，马勒家族曾一度收回部分在抗战中被日本人侵占的产业，但此时没有了“租界”的上海毕竟已是另一番模样，“洋人们”敏锐地预感到上海已经不再是“西方冒险家的乐园”，于是他们中的大多人在此后的数年中陆续选择了“离去”，马勒家族也是离去者中的一员。马勒机器造船厂后来成为沪东造船厂，而马勒别墅如今已改为马勒别墅酒店。马勒家族在上海的历史至此落下帷幕。

19. “监理会”与“沐恩堂”

“沐恩堂”（一）（摄于2015.2.17）

建筑地址： 西藏中路316号（近汉口路九江路）（交通：地铁1号线/2号线/8号线“人民广场”站下，步行约5~10分钟到达）

“沐恩堂”（二）（摄于2015.2.17）

建筑风格与特色： “沐恩堂”建筑整体为“美国学院哥特式风格”（局部也带有“罗马风”），这种建筑风格主要源于英国晚期哥特式建筑，后在美国许多教会学校的建筑中被广泛采用，故而以“美国学院哥特式”而得名。现位于军工路的上海理工大学（原为由基督教美国浸礼宗创办的“沪江大学”旧址）校园内还保留有数幢该类风格的建筑。“沐恩堂”外立面以凹凸不平的红色墙砖饰面，体现出邬达克在建造时独特的设计理念。室内以黄颜色为主基调，两侧配以尖券彩窗，当阳光透过彩色玻璃引入室内时，宗教的神秘感霎时油然而生。

建筑历史及相关掌故： 沐恩堂原名慕尔堂，位于西藏中路316号，邬达克在沪设计的主要建筑作品之一，由当年在上海的基督教美国南方监理会建造。“监理会”源于“卫斯理宗”，“卫斯理宗”也被称为“循道宗”，产生于18世纪的英国，创始人为约翰·卫斯理。约翰·卫斯理最初曾为英国圣公会（亦称“安立甘宗”，16世纪英王亨利八世后成为英国的国教会）会士，后离开圣公会另行创立宗派。与英国圣公会不同的是，“卫斯理宗”更注重在中下层民众中开展传教活动，其影响后来逐步传播到美国及加拿大等地。美国在南北战争结束前由代表南方种植业奴隶主与北方工业资产阶级的两派势力所组成，故而“卫斯理宗”在进入美国后也被分为南北两大派系，并依靠“海外布道会”迅速向世界其他地区传播。南派于19世纪中叶进入上海，被译成“监理会”；北派于19世纪末进入上海，被译成“美以美会”。1939年，两派合并，合称“卫理公会”。

“沐恩堂”（三）（摄于2016.6.11）

1847—1848年，“监理会”传教士泰勒（Charles E. Taylor）等人来沪，他们在沪建造的第一座教堂位于洋泾浜郑家木桥[㊀]一带，后在“小刀会起义”中遭到战火损坏。起义被镇压后，清政府为弥补因战争对于教堂造成的损失，给予

㊀ 现延安东路、福建中（南）路一带。郑家木桥处原为由泰勒等出资建造的“泰勒氏桥”，“小刀会起义”时，租界当局为阻止南边老城厢一带的“义军”进入，曾将该桥拆除（也有说法是毁于战火）。起义被镇压后，该桥又被重建。据说这一带因福建住户郑、陈两姓居多，故而新桥便被称为“郑家木桥”。

了泰勒相应的补偿，泰勒则利用该笔经费在修缮老堂的同时，又在现复兴东路、望云路及汉口路、云南路两处购置两块土地。前者曾被用来建造化善堂（该堂于19世纪时就被拆除），后者则是第一代“幕尔堂”被建造起来的地方。

说起第一代“慕尔堂”的建造，其中还有一段鲜为人知的故事。1861—1865年美国南北战争时，由于与本国失去联系的缘故，“监理会”在沪上的各项运作曾一度陷入“缺乏经济来源”的困境，部分在沪传教士为谋生计不得不开启了“第二职业”。就在此万分艰难的时刻，“监理会”收到了一笔来自于美国堪萨斯州信徒慕尔（J. M. Moore）指定用于

“沐恩堂”街景（摄于2015.2.17）

监理会在上海事业的大额经济援助。后来，“监理会”传教士兰柏（J. W. Lambuth）就是利用这笔款项在汉口路云南路一带建造起了“新监理会堂”。为感谢慕尔先生对于“监理会”在沪事业给予的重大贡献，新堂被命名为“Moore Memerial Church”，中文名即“慕尔堂”。这就是“慕尔堂”名字的来源。

1927年南京国民政府成立后，由于“宋氏家族”在国内地位的与日俱增（宋子文及宋氏三姐妹的父亲宋嘉树生前曾在“监理会”工作），“监理会”的地位也被顺势抬高。1929—1931年，第二代“慕尔堂”在现址被建造起来（原位于云南路汉口路一带的“慕尔堂”地块被转租给了扬子银公司，后来在该地块上建造起了扬子饭店），1936年又由信徒出资在教堂钟楼上添置由霓虹灯装饰的十字架，“慕尔堂”由此更是闻名遐迩。在抗战全面爆发后，慕尔堂还曾一度担负起“难民收容所”的角色。

除了“慕尔堂”，当年“监理会”在上海建造的各类建筑还有很多，大致包括：

1．江苏路现上海市第三女子中学，最初为监理会传教士林乐知等人创办的“中西女塾”，也称“墨梯女校”㊀，后于20世纪20年代末改名为“中西女中”。原校址约在上文中第一代“慕尔堂”以西的位置，后迁至忆定盘路（现江苏路）。现在，校内两处主要建筑“五一楼”与“五四楼”同为邬达克设计。

2．现昆山路146号原东吴大学法学院，前身是由林乐知等人创办的“中西书院”，后该院与同为“监理会”系统位于苏州的“博习书院”与“宫巷书院”合并重组为“东吴大学”，即现在苏州大学的前身之一。东吴大学下有“一附中”与“二附中”，“一附中”在苏州，“二附中”在上海。后东吴大学在沪增加“法律科”，起初法

昆山路原东吴大学法学院旧址

（摄于2018.1.19）

㊀ 为纪念在该校筹备过程中曾给予过大力支持的基督教美国监理会主教赫兰德·墨梯（Mc. Tyeire）。宋氏三姐妹曾为该校学生。

景林庐（摄于2016.8.28）

律科便设置在“二附中”校园内，后购入附中相邻土地兴建自己的校舍（即现昆山路146号的位置）。1929年时，东吴大学法律科正式改名为“东吴大学法学院”，为国家培养并输送了众多法律界人才。第二次世界大战后进行“东京审判”时，中方代表多出自东吴大学法学院。

3. 现乍浦路、昆山路的景林庐与景灵堂（景林堂）。“景林”二字有敬仰林乐知[一]之意。

链接阅读

教堂建筑是上海历史建筑中比较有特色的一个领域，笔者再为各位读者简要介绍几处上海较为有特色的教堂建筑。

徐家汇天主堂（摄于2015.4.12及2015.7.28）

㊀ “监理会”著名传教士、中西书院创始人。

诸圣堂（摄于2017.4.16）

清心堂（摄于2016.6.11）

鸿德堂（摄于2015.10.18）

徐家汇天主堂：位于蒲西路158号，又称“圣依纳爵堂”（为纪念天主教耶稣会的创始人圣依纳爵·罗耀拉），1906—1910年建造，道达尔设计（其还设计了位于南苏州路的新天安堂），哥特式风格㊀，建成后与周围诸多天主教建筑连城一片，是上海现存唯一的双塔式哥特教堂。

诸圣堂位于复兴中路、淡水路路口，原为基督教美国圣公会传教士麦甘林创立，教堂于1925年建成，有较为浓郁的罗马风与哥特复兴风格。

清心堂位于大昌街30号近陆家浜路，基督教美国北长老会创办，原又称作”上海长老会第一会堂”，初设在清心书院㊁娄理仁牧师家中，现“清心堂”为1919—1923年建造，由华人建筑师李锦沛设计，主楼呈现“L”形，红砖饰面。

鸿德堂位于多伦路59号，原为基督教美国北长老会创立，前身为“思娄堂”，旧址在当时北京路的美华书馆内，1925—1928年时在现多伦路建造新堂，“鸿德”二字为纪念该会的传教士费启鸿。由

㊀ 一种兴盛于欧洲中世纪时期的建筑风格，多运用于教堂建筑中，主要特色有尖形拱门、尖肋拱顶、尖塔高耸，多花窗玻璃等。

㊁ 清心书院后分为中学和女中，中学旧址即现在的上海市南中学，女中旧址即现在的上海市第八中学，最初同为美国北长老会创办。

于当时正赶上在华教会与传教士掀起的“本色运动”，内容之一即倡导基督教建筑中国化，故而“鸿德堂”具有中国建筑特征。

原圣心教堂位于杭州路349号现上海市第一康复医院内，原为上海公教进行会会长陆伯鸿等人创办的圣心医院（天主教教会医院）。内建有教堂一座，建于1931年，折中主义风格（带有哥特与罗马风）。圣心医院的镭锭科（后为中比镭锭医院）为我国第一家肿瘤专科医院。抗战中，该院曾一度被日军改为伤兵医院。1949年后又先后改名为上海市第二劳工医院、杨浦区中心医院、杨浦区老年医院。

大田路天主堂位于大田路370号，建造于1930—1931年，又称“小德肋撒堂”，以圣女“小德肋撒”（又译成“小德兰”）的名字来命名。建筑以哥特风格为主，并带有罗马风。

圣母大堂位于新乐路襄阳北路口，由1917年后流亡沪上的俄侨于1933—1936年集资建造，由建筑师、画家霍诺斯设计，拜占庭建筑风格，是上海最为知名且留存至今的两处东正教教堂之一（另一处是位于皋兰路，建造于1932—1934年的圣尼古拉斯教堂）。

原圣心教堂（摄于2016.10.5）

大田路天主堂（摄于2016.11.6）

圣母大堂（摄于2015.3.28）

20. 犹太人的挪亚方舟“摩西会堂”

“摩西会堂”（一）（摄于2016.12.10）

建筑地址： 长阳路62号（近舟山路）（交通：地铁4号线/12号线至“大连路”站下或地铁12号线至“提篮桥”站下，步行约10~15分钟）

建筑风格与特色： 砖木结构建筑，以晚期“殖民地外廊式”建筑风格为主，该类建筑风格主要源于西方殖民者在南亚热带气候下生活的经验，主要特征为都有面积较大的外廊空间，可以兼做室外的客厅、餐厅或其他活动空间使用。随着西方人认识到上海与南亚的气候有所不同后，这类建筑风格被逐步摒弃。

建筑历史及相关掌故： 摩西会堂长阳路62号，最初为俄国犹太人建造的犹太教堂。

首先对俄国犹太人做一个简单的说明。19世纪中期上海开埠后，曾有三批犹太人先后辗转来到上海。第一批为“塞法迪犹太人”，他们最初生活在欧洲的伊比利亚半岛，15世纪时因当地排犹，其中的部分人迁徙至中东地区，多数人开始在巴格达一带定居下来。18世纪末19世纪初，中东巴格达等地也发生了规模浩大的排犹活动，他们不得不再一次迁徙至印度及东南亚等地。当时正值罪恶的“鸦片贸易”盛行，以沙逊家族为代表的部分塞法迪犹太人敏锐地

“摩西会堂”（二）（摄于2016.12.10）

察觉到了此间能带来的丰厚利润，便果断投身其中，为他们以后在上海立足赚到了“雄厚的金融资本”。上海开埠后，他们中的部分人开始迁居上海，在继续从事鸦片贸易的同时也逐步涉足地产、金融、航运、洋布、保险、教育等各领域并日益做强。前文提到的沙逊、哈同、埃兹拉等家族就是塞法迪犹太人的代表。

第二批就是文章一开头所提到的俄国犹太人。19世纪末到20世纪初，俄国国内反犹与革命浪潮排山倒海，加之日俄战争中俄国的失败（俄国国内有人把战争失败的原因之一归结为有犹太人在经济上支援过日本），俄国犹太人在俄国国内的处境日益艰难，于是大量离开俄国逃往北美。可能是困境与希望

并存的缘故吧！碰巧19世纪末时沙俄在中国东北修建“中东铁路”（中国东方铁路的简称），并企图通过移民等手段进一步控制中国东北。相对“优越”的移民条件促使部分俄国犹太人开始移民中国东北，其中的小部分的人又从东北移居到上海。需要说明的是，直到20世纪20年代后期以前，俄国犹太人来到上海的人数总体来说还是不多的。

时间来到20世纪20年代后期，世界金融危机的到来使得身处东北的俄国犹太人再一次陷入不稳定的环境之中，加之“中东铁路收归中国”已被提上议事日程，众多俄国犹太人又面临失业，前途的迷茫和生活的所迫开启了俄国犹太人大规模南下上海的序幕。1931年“九一八事变”后，俄国犹太人在东北的处境跌入低谷，这股“南下潮”由此也达到巅峰。另外还需说明的是，在1917年后陆续流亡至上海的俄国旧贵族、资本家、旧官员与知识分子中也有部分是“犹太人”。他们初到上海后由于经济实力无法与前文中提到的塞法迪犹太人相比，故而他们的聚居地被选在当时相对落后的虹口提篮桥地区。30年代后期，他们中的部分人开始在苏州河以南的公共租界和法租界定居，总体生活质量也比刚到上海时有了质的提升。

第三批就是我们最为熟悉的“虹口犹太难民”，他们因纳粹德国反犹而前后多批次迁徙上海，这股移民潮在1938年11月纳粹德国发动“水晶之夜”[一]事件后达到顶峰。

回过头来再讲俄国犹太人，他们到达上海后急需拥有一所他们自己的犹太教堂，1907年时便通过租房的形式设立了他们在沪上的一座教堂——“摩西会堂”。取名“摩西”是为了纪念他们犹太社

犹太人在上海

㊀ 希特勒青年团、盖世太保和党卫军袭击德国和奥地利的犹太人的事件，该事件标志着纳粹对犹太人有组织的屠杀的开始。——编者注

区的领袖“摩西·格林伯格”，俄国犹太人从此在沪上有了他们的精神家园。20年后，在麦耶·阿许根那齐拉比等人的努力下，“摩西会堂”迁移到华德路，也就是现在的长阳路62号新址建造新堂，教堂由俄国设计师加百利·拉宾诺维奇设计，从建筑风格来看接近于晚期殖民地外廊式建筑。

1938年的“水晶之夜”迫使数以万计的犹太难民为逃离纳粹魔爪而背井离乡来到上海，上文中曾提到的“提篮桥地区”从这一刻起就成为他们远在东方的“挪亚方舟”，“摩西会堂”也就成为他们中部分人的信仰归宿。我们至今仍能在这一带寻觅到当年犹太难民在这里生活的痕迹，如舟山路霍山路一带的犹太难民聚居地、霍山路“美犹联合救济会”“百老汇大戏院”旧址以及近些年在舟山路长阳路口复建的“白马咖啡馆”等。当年的犹太难民通过自己的勤劳与智慧克服重重困难在这片“异国他乡”的土地上把自己的生活经营得有声有色，“小维也纳”的美名曾一度成为这一片区的代名词。

虹口犹太难民也是在20世纪三四十年代分批次来到上海的，他们中的许多人在宗教及生活习惯上有明显差异，故而在举行宗教仪式时也并非所有的犹太难民都会选择“摩西会堂”，例如中欧犹太难民曾在百老汇大戏院（后来的霍山路东山电影院）独立举办过宗教仪式。在犹太教信仰上偏向自由派的难民又觉得这样的仪式过于正统，于是他们在东海大戏院举办过改革派宗教仪式。而波兰犹太人对于犹太教又有自己独到的认知，他们把举办宗教仪式的场所选在阿哈龙会堂（位于现虎丘路，现已拆，最初为塞法迪犹太人哈同建造）。

现“摩西会堂”已作为“上海犹太难民纪念馆”对外开放。2013年，以色列总理本雅明·内塔尼亚胡来此参观时曾万分感慨地说

舟山路霍山路犹太难民建筑群
（摄于2016.12.10）

霍山路美犹联合救济委员会旧址
（摄于2016.12.11）

道：“很多年前，就是在这里，上海为饱受纳粹迫害的犹太人打开大门，提供了一个温暖的避风港湾……我们将永存感激。”

链接阅读

西摩会堂：陕西北路500号（陕西北路旧称西摩路），也称欧黑尔·雷切尔（希伯来文）犹太教会堂，又名拉希尔会堂，为20世纪20年代初时赛法迪犹太社区用雅格布·沙逊纪念其亡妻的遗赠而建造的一座犹太会堂（“拉希尔”为雅格布·沙逊亡妻的名字）。由思久生洋行设计，属于新古典主义风格，建成后成为当时犹太人在沪的一个重要宗教场所，后也曾作为犹太人子弟学校的校舍。

东山电影院（摄于2016.12.10）

西摩会堂（摄于2015.3.21）

21. “香港首富”何东家族的西摩路豪宅

“香港首富”何东家族的西摩路豪宅（摄于2017.11.27）

建筑地址： 陕西北路457号（近北京西路）（交通：地铁2号线/12号线/13号线“南京西路”站下，步行15~20分钟到达）

建筑风格与特色： 砖混结构花园住宅，新古典主义风格，三段式明显。南立面由四根直达二层的爱奥尼式柱子撑起，西侧设计为半圆形并饰有爱奥尼式柱子，东侧入口处有爱奥尼式壁柱，东、南两侧的阳台下均有做工精美的牛腿支撑，

“航海元素”图案精美牛腿支撑（摄于2017.11.27）

装饰图案中包含“航海元素”。

室内底层门厅以黑白相间的大理石铺地，通过一道华美铸铁护栏的螺旋形楼梯可拾级而上，充分彰显昔日主人的尊贵。别墅内部形态各异的各式壁炉、雕花护壁及吊顶的石膏线脚也颇具看点。

爱奥尼式柱子（摄于2016.6.11）

华美的铸铁护栏（摄于2016.10.12）

建筑历史及相关掌故： 何东别墅位于陕西北路457号，约建造于1919—1920年，由邬达克设计，昔日主人为著名的香港富商、慈善家何东。

何东全名罗伯特·何东（Robert HoTung），中文名何晓生（或何启东），为混血儿，父亲为荷兰裔英国人，母亲为广东人（也有说法称其母为苏州人）。何东出生于香港，早年曾先后在海关与怡和洋行等地工作。在“怡和”期间，他曾因业绩出色而晋升为洋行高管，据说后来因健康原因又将该职务让给自己的兄弟何启福（何福）担任。

离开怡和后的何东开始涉足证券股票行业。1895年，《马关条约》签订，清政府被迫允许列强在华投资办厂，这在无形之中刺激了沪上证券交易行业的迅猛发展。何东家族因此获利颇丰，并在金融、船务、地产、教育等诸多领域均有业务，一举成为香港首富，后又先后获得多国颁发的荣誉与勋位，可谓荣光一生。现在塘沽路、峨眉路、南浔路、大名路一带曾有很多何东家族的产业。

可能是其在香港的住所就在西摩路的缘故，何东于20世纪20年代中叶派他的儿子何世俭到上海后置办的豪宅同样也位于西摩路，也就是现在的陕西北路457号。值得一提的是，此宅的首位业主并非是何东，按同济大学出版社出版的《邬达克》一书中的说法，此处宅第的原业主曾为德国赫斯特化工上海工厂（Shanghai Plan of Heochst Chemicals）厂长卡茨（Mr. Katz）。

20世纪40年代后期，何东家族迁回香港居住，50年代后其陕西北路别墅成为“辞海编辑所”，也就是现在的上海辞书出版社。现在该楼作为商务办公楼使用。

何东与其儿子何世俭

门厅以黑白相间大理石铺地（摄于2016.10.12）

何东家族的后代中也名人辈出，何东的侄孙何鸿燊为澳门赌王、侄外孙为功夫巨星李小龙、其孙何鸿章为著名慈善家。何鸿章从小就在西摩路何东别墅长大，上海博物馆的镇馆之宝“吴王夫差盉”就是由何鸿章先生买下后捐赠的。

链接阅读

邬达克后来还设计过一幢与何东别墅颇为相似的私人别墅“爱神花园”，以下也简单介绍一下。

爱神花园：现上海作家协会办公地点，位于巨鹿路675号，原为老上海煤炭大王、火柴大王刘鸿生之弟刘吉生赠予爱妻陈定贞的40岁生日礼物，由邬达克设计，于1926—1931年建造。

爱神花园的建筑风格与上文中提到的“何东别墅”有相似之处，内部的许多细节都暗示着昔

“爱神花园”（摄于2016.9.24）

螺旋形楼梯（摄于2016.8.20）

楼梯栏杆上的KSL标示（摄于2016.9.24）

花园内的大理石雕像“普绪赫”（摄于2016.9.17）

日主人的身份，如楼梯栏杆上的“KSL”标示与室内天花板上的玫瑰图案分别对应了刘吉生与陈定贞的英文名字。

花园内的大理石雕像“普绪赫”取自希腊神话中普绪赫与丘比特的爱情故事，据说是邬达克在为刘吉生设计此宅时从意大利专门定制的，形象可谓清新脱俗。刘吉生夫妇在此一直居住到20世纪40年代后期，50年代后这里成为上海作家协会的办公地点至今。

22. 金融家、收藏家刘晦之与他的“小校经阁”

“小校经阁”

（摄于2017.1.29）

建筑地址： 新闸路1321号（近陕西北路）（交通：地铁2号线/12号线/13号线“南京西路”站下，步行20分钟内到达）

建筑风格与特色： 花园以一道月洞门与花墙隔成内外院。“小校经阁”位于内院南侧，是一幢标准中国传统风格砖木结构的八角飞檐式小楼，底层屋檐下设有斗拱，房顶由绿色琉璃瓦铺就而成，至今许多瓦片上依然留有当年饰以的“瑞兽”图案。内院北侧是一幢假四层花园洋房，外立面以简约新古典主义风格为主，内部装饰则“中西结合”，楼梯护栏上的祥云图案流露出昔日主人对于中国文化的独特垂青。

建筑历史及相关掌故： 上海历史上能在某一领域内闯出一番天地者比比皆是，但能在一生中横跨多个领域并均取得建树者恐怕就寥寥无几了，我们本章要讲的刘晦之就是这“寥寥无几”者中的一位。

刘晦之（1879—1962），名体智，号善斋老人，安徽庐江人，其父刘秉璋是晚清洋务派重臣李鸿章手下的“心腹爱将”，曾在镇压太平军的作战中屡立战功。“中法战争”期间，身为浙江巡抚的刘秉璋率众力抗外敌，在镇海战役中经过苦战击退法国人，由此深得朝廷赏识，荣升为四川总督。在家排行

月洞门（摄于2017.1.29）

“小校经阁”护栏上的祥云图案（摄于2016.8.7）

刘晦之

老四的刘晦之就是在这样一个战功赫赫且可以说是“钟鸣鼎食”的家族中成长起来的。

由于和李鸿章家族的特殊关系，年少时的刘晦之就有幸进入李氏家塾中进行学习，在获取优质教育资源的同时还结识了一批“清廷大员的后代”。数年后，刘晦之又迎娶光绪帝老师孙家鼐之女为妻，强劲有力的家族背景与四通八达的人脉网络使得刘晦之早年的生活顺风顺水。

刘晦之在步入“职场”不久后即涉足金融领域，曾担任清廷户部郎中、大清银行（中国银行的前身）安徽总办；于1919年出任中国实业银行上海分行经理，由此开始在上海滩崭露头角。这家中国实业银行是1915年由北洋政府财政部筹办，主要发起人有前中国银行总裁李士伟、前财政总长周学熙，以及前国务总理熊希龄、钱能训等人，是一家有着浓厚“北洋”背景的银行，曾长期发行带有“龙马”图案的钞票，具有一定实力。1927年南京国民政府成立后政府发行公债频繁，实业银行时任高管冯子衡等人因投机公债失利导致银行元气大伤，原以北方为基础的实业银行不得以开始倚重身处南方由刘晦之掌舵的中国实业银行上海分行。1932年，中国实业银行将总行从天津迁至上海，刘晦之出任中国实业银行总经理，其上任后通过效仿万国储蓄会开展“有奖储蓄”的方式，使该行的存款在极短的时间内即奇迹般地急速飙升至4000万元，在华商银行中一度仅次于中国银行，刘晦之也在20世纪30年代初的这几年内达到了他“金融生涯”的巅峰。

正当刘晦之摩拳擦掌准备在金融界干出更大一番事业的时候，时任“财政部长”的宋子文回国了，一个万国储蓄会尚且已“吸走”了全国大约1/5的财富，宋部长又怎能容忍第二个同类机构的出现呢？于是在宋子文的干预下，中国实业银行的“有奖储蓄”终究还是昙花一现，至20世纪30年代中期，中国实业银行基本被南京国民政府所把持，与当时的中国通商银行、四明商业储蓄银行、中国国货银行并称为“四小行”，刘晦之至此基本退出了中国金融舞台。

退出金融界后的刘晦之一头扎进了自己位于新闸路近西摩路的住

“小校经阁”的绿色琉璃瓦（摄于2017.1.29）

“小校经阁”北侧的洋房（摄于2017.11.27）

所，潜心关注起他的“著书”与“收藏”。这处住所由一栋洋房与一栋八角中式小楼所组成，关于这两处建筑的建造时间有较多说法，一般称中式小楼的建造时间要比洋房早一些，约在20世纪10年代初，洋房的建造时间则是20或30年代。两楼之间原有游廊连接，一旁花园内还有数株广玉兰和假山石。据知情者说，广玉兰和假山石来自原李鸿章之子李经方位于上海北站附近的住所，后假山石被移到静安公园内，广玉兰犹在。八角小楼又名“小校经阁”，是刘晦之存放各类收藏品的地方，在当年俨然就是一座精品荟萃的“博物馆”与“藏书楼”。

刘晦之家族自祖辈以来就有“藏书”的传统，至刘晦之这一代达到顶峰，最盛时他的数目达32卷，著录图书约2400余部，其中以明版居多，亦包含十余部宋、元珍品。刘晦之喜爱藏书，更着迷编纂，他曾有计划编纂出自乾隆帝七套《四库全书》后的第八套《四库全书》，集古今之大全，创前世之未有。该项计划虽因时局、经费等多重原因未能实现，但亦足可见刘晦之藏书之规模。

刘晦之其余的各类收藏也可以用“琳琅满目”来形容，其中的精品有：①甲骨龟片，刘的收藏量约占当时全国的1/3。1936年时，刘将这些甲骨拓成文字《书契丛编》

送给了郭沫若。郭在惊叹之余，将其中的精华部分挑选出来进行研究并在此基础上编著了在甲骨学历史有重大意义的《殷契粹编》。②青铜器：“中国通”福开森曾说“刘体智是民国以来收藏青铜器最多的人”，历史学家容庚也说过“刘体智收藏经籍书画金石之富，海内瞩望久矣”。其于20世纪30年代中期刊印的《善斋吉金录》详细记录了刘晦之在这一领域中的收藏规模。③古乐器，其中以唐代乐器“大小二忽雷”（二弦琵琶）最为知名，此“二宝”曾一度为收藏家刘世珩所得，刘家败落后转至刘晦之处。刘晦之曾对他的后人说道“这是陈圆圆用过的旧物”……毋庸置疑，刘晦之在当时收藏界的地位一定可以用“会当凌绝顶，一览众山小”来形容。

抗战爆发是刘晦之收藏事业由盛转衰的一个转折点，受战争等多方面因素的影响，刘晦之家族的境遇每况愈下，就连刘晦之本人也无奈地过起了“啃老本”的日子，他的部分藏品也因生活所迫而开始被逐步变卖。时间来到了20世纪50年代，年逾古稀的刘晦之由于各种客观原因最终离开了他所心爱的“小校经阁”，他所剩余的那些收藏后来大多都捐献给了国家，后被收于中国社会科学院、故宫博物院、上海图书馆等地，为后世的文史研究发挥着不可替代的作用。1962年冬季，刘晦之在其太原路住所内去世，享年83岁。

“洋房”铸铁楼梯（摄于2017.11.27）

“洋房”旋转楼梯（摄于2017.11.27）

23. 交通部长王伯群与他的愚园路“爱巢”王公馆

王公馆（现长宁区少年宫）（摄于2017.2.18）

建筑地址：愚园路1136弄31号（近定西路）（交通：地铁2号线/11号线“江苏路”站下，步行10~15分钟内到达）

建筑风格与特色：英国维多利亚哥特式花园住宅。英式建筑的特征有：陡坡屋面，铺红平瓦或青平瓦；屋面下多有棚屋形老虎窗，有些屋面会从顶层直下并把底层也包括其中；建筑外立面较多用清水红砖勾缝，砌工讲究；如果是英国乡村式风格还会再将山墙做成半露明木架构，其架构间墙壁用白色或水泥拉毛饰面。

维多利亚哥特式的王公馆（摄于2017.2.18）

公馆主入口（摄于2017.2.18）

这幢宛若欧洲古堡的愚园路王公馆高四层，立面的窗户多以白色斩假石镶边，顶层的窗顶设计为四心尖券，南立面中间设计有相向的外部楼梯可拾级而上，过一个联拱的内廊后可直达客厅，公馆的主入口位于东侧。

整座公馆共有大小房间30余间，楼内通道迂回、上下贯通，底层地面上的马赛克锦砖为公馆平添几分温馨而又绚丽的色彩，内部无处不在的尖形拱券元素又流露出浓郁的哥特建筑风格。

公馆内楼梯（摄于2017.2.18）

建筑历史及相关掌故： 愚园路1136弄31号，是本故事男女主角“交通部长、大夏大学校长王伯群与校花保志宁”的主要发生地，但事实果真如传闻中的这般模样吗？

王伯群（1885—1944年），名文选，字伯群，贵州兴义人，是我国近现代著名的政治家、教育家。王伯群早年东渡日本求学，并在留日期间加入同盟会并结识梁启超、章太炎等人，初涉“民主革命”。1914年后的王伯群开启了他人生事业的上升期，“护国运动”“护法运动”“南北议和”等民国前期的重要历史事件中几乎都能看到他的身影。1927年南京国民政府的成立，标志着王伯群事业巅峰期的到来。1927年5月后，王伯群曾先后担任国民党中央政治会议委员、交通部部长、交通大学校长等职，1929年又当选国民党中央执行委员会候补委员并于一年后递补为委员，其政治生涯可谓志得意满。在交通部部长任上的王伯群颇有作为，在电信、航空、邮政、船运、铁路等诸多领域内均有建树。1930年12月6日竣工的“真如国际大电台”结束了外商垄断中国国际通信主权半个多世纪的屈辱历史。电台开幕典礼当天，各界来宾约2000余人汇聚一堂，王伯群登台恭读了总理遗嘱以告慰孙中山先生。

王伯群与保志宁

王伯群有两位亲属在中国近现代史上较为知名：一位是他的妹夫何应钦，另一位是他的胞弟王文华。何应钦的名声自不必说；王文华作为黔军主要将领积极投身革命，曾被孙中山誉为“西南后起之秀”，1920—1921年王文华抵沪秘密联络孙中山期间不幸被其部将袁祖铭派人刺杀于西藏路一品香旅社，英年早逝。

最为外界津津乐道的还要属王伯群与大夏大学校花保志宁这对“老夫少妻”的婚姻往事。王伯群于1928年在大夏大学首任校长马君武离开后继任校长一职，其原配夫人周光帼也于当年去世，于是就有了1931年6月王伯群与前驻加拿大温哥华总领事保君皞长女保志宁的再婚。

关于后面这段婚姻民间传言众多，其中又以保家向王伯群提出的“三个婚嫁条件”最为引人瞩目，即：①10万美元存入外国银行，作为保志宁的固定生活保险费；②彩礼、嫁妆等合计数万元法币；③为保志宁建造一座有一定规模的花园住宅（另也有说法称条件之一为“送保出国留学”）。对于上述这些传言，笔者闻后一直是持怀疑态度的，例如：略懂民国经济史的朋友一定知道“法币”的出现是20世纪30年代中期以后的事，而王、保二人结婚是在20世纪30年代初，当时何来“法币”一说？另外，保家毕竟也是大户人家，传闻中的“三个条件”自笔者看来倒更像是某些“小门小户”在嫁女时对于男方家庭的“讨价还价”，与保家当时的社会地位多有不符。由此可见传言毕竟是传言，真不可全信也。或许是出于老夫对于少妻的一种责任感，王伯群为保志宁建造了一栋豪宅，当然这栋豪宅后来也为王伯群的政治生涯埋下了不小的隐患。据说，王伯群后来在政坛上的种种波折多因这栋豪宅而起。

王伯群这栋位于愚园路的豪宅建造于1930—1934年，由当时协隆洋行的中国建筑师柳士英设计，辛丰记营造厂建造。偌大一栋豪宅的建成如果说只是为了成全“校长与校花之间的谈情说爱”显然也是不符合实际的。笔者在查阅了《王伯群与大夏大学》一书中的史料后发现，大夏大学的许多校务工作也曾在这栋豪宅中展开，该书中记录到：

1934年4月30日在愚园路私邸主持大夏大学学会第一次常务理事会议，审定各部会办事细则，分会组织通则和推定各部职员。

1934年10月29日在愚园路私邸主持召开校董会，讨论筹建图书馆，建筑费定为12万元，由各校董负责筹措。

1934年11月6日在愚园路私邸宴请南洋华侨巨商、名誉校董胡文虎，席间杜月笙、张竹平等校董作陪。

1935年1月8日在愚园路私邸主持召开第一百七十一次校务会议。讨论通过处分本学期假造文凭进校学生案等事宜。

1935年2月12日在愚园路私邸主持召开第一百七十三次校务会议，讨论本学期学校经济状况预测、新聘教职员等事宜。

1935年2月13日在愚园路私邸主持召开大夏大学学会第二次理事会，讨论编辑丛书、丛刊、举办奖学金、会员特别捐赠等事项。

1935年2月23日在愚园路私邸主持召开全体导师会议及群育员联合会议。要注重谓修养人格、认识政治、重视体育、注意卫生、打破师生间隔阂诸端，应多谋善策。

1935年3月3日在愚园路私邸主持召开校董会，决定新图书馆提名为“黄埔烈士图书馆”，募集大夏大学清寒奖学金，续募图书馆建筑费等事项。

1937年4月16日在愚园路私邸

宴请30余名学生导师并举行座谈会。同日，横跨丽娃河东西的丽虹桥落成，校董何应钦提名，何应钦夫人王文湘剪彩。

也就在二人入住这栋豪宅两年多后，“八一三”淞沪抗战爆发，二人撤至大后方。由此，此宅从20世纪30年代后期起曾先后被汪精卫、周佛海等“汪伪人士”居住，故也被称为“汪公馆”，曾一度戒备森严、暗堡密布。1945年抗战胜利后，丧夫不久的保志宁回沪并通过何应钦的关系要回此宅，但失去了王伯群庇护的保志宁终究今非昔比，凭她个人之力如何维持得起这栋豪宅日常的各类开销？于是保志宁审时度势，将这栋豪宅的部分房间出租给他人使用，“自己也于1948年底在离开沪宁后经过近三年辗转最终于1951年迁居美国”。关于在这几年中这栋愚园路公馆的“租客”，以往较多文字中多记录为“英国驻沪领事馆文化宣传处”，而近些年随着相关研究的深入又有“新故事”浮出水面，比较有代表性的有徐锦江老师对于愚园路历史的梳理与探寻。在徐老师所著的《愚园路》一书中这样写道：“抗战胜利后，王伯群的遗孀保志宁委托黄慕兰的丈夫陈志皋把自家的这栋花园洋房收回来。据《黄慕兰自传》所叙，言明条件是：‘房子收回后，由我们负责代她修理好，她只保留楼下的两个客厅以及二楼的全部；其余楼下的四间大厅、餐厅、书房以及三楼的全部，还有后面的一部分附属用房，都租赁给我们使用，租金以美元支付。但双方没有签订书面合同。那时，从大后方复员回上海的人数以万计，上海的住房十分紧张，我们能住进这样高级的大花园洋房，自然大喜过望。’房子修缮一新后，取名‘隅园’，在一年多时间里，陈志皋与黄慕兰夫妇在这里举行各种聚会和游园活动，名为‘隅园雅

联拱内廊（摄于2017.2.18）

中福会少年宫（大理石大厦）（摄于2017.2.26）

集’。据赵景深教授的一篇短文记载，活动出席者有田汉、洪深、阳翰笙、翦伯赞、熊佛西、冒鹤亭、周信芳、郑振铎、于伶等文化人，欧阳山尊和戴爱莲还表演过舞蹈。可能黄慕兰的自述中会有溢美成分，但我相信这一段的基本事实不大可能杜撰，而且有图有真相。在1946年梅兰芳和欧阳予倩的合影背景中，少年宫的哥特城堡式建筑历历在目。”对于历史的寻踪永远没有止境，我想这可能就是历史的魅力所在吧。

1960年后，这里成为“上海市长宁区少年宫”，从此承载了无数少年儿童满满的温馨回忆。

大理石大厦内景（摄于2017.2.26）

链接阅读

再为大家介绍两处深藏于上海其他少年宫内的老洋房。

中福会少年宫：位于延安西路64号，其主建筑是一幢通体洁白的华丽大厦，因其内部装饰多由大理石制作，故而也被称为“大理石大厦”。

大厦约建造于1919—1924年，原是赛法迪犹太富商嘉道理家族的私宅。嘉道理家族原居巴格达，因当地发生排犹事件而被迫东迁，其家族成员埃里·嘉道理在沙逊洋行短暂任职后开始“单飞”。19世纪末埃里·嘉道理与在英国有强大金融背景的劳拉·莫卡塔结婚，开始涉足证券交易业并成为“上海众业公所”的主要发起人与会员之一，埃里后来也因此而发了大财。“大理石大厦”的建造据说起源于一场悲剧。约在1919年时，埃里的妻子在一场火灾中为救他人而丧生，悲痛之余的埃里于是开始了他在现址建造新宅的计划。新宅由马海洋行与格莱汉姆·布朗合作设计，据说造价为100万两白银，建成后成为沪上犹太人聚会与救济的中心，是沪上最为豪华及规模最大的洋房之一，底层大厅是整座建筑最负盛名之处，行走其间宛若置身于一处华丽宫殿之中，各式巧夺天工的大理石雕花与石膏装饰迎面扑来。

埃里除了是一位成功的富商之外，平日里也十分热衷于慈善公益事业，他与他的家族成员们曾先后在沪上投资兴办或参与资助过多所学校和医院，其中比较知名且现在仍能找得到痕迹的有：犹太圣裔社医院（现汾阳路五官科医院）、育才公学（现育才中学）、澄衷肺

大理石大厦底层大厅内的大理石雕花与石膏装饰（摄于2017.4.2）

科疗养院（1932—1933年由我国著名医学家颜福庆等人创办，嘉道理家族给予过资助，现为上海市肺科医院）。20世纪40年代后期，国民政府治理下的上海社会动荡、经济混乱，嘉道理家族为前景考虑将产业重心移往香港，“大理石大厦”由此被“空关”了数年。1953年6月1日，由宋庆龄女士创办的“中福会少年宫”使得这里“重获新生”，自此以后，“大理石大厦”成为无数少年儿童心目中难以忘记的“圣地”。

中福会少年宫（大理石大厦）楼梯（摄于2017.2.26）

徐汇区少年宫：位于高安路18弄20号，原为民族资本家荣德生（与其兄荣宗敬一同有“面粉大王”和“棉纱大王”的美誉）故居，20世纪30年代末建造，风格简洁。

徐汇区少年宫（摄于2015.6.13）

1946年，荣德生在离住所不远处遭遇绑匪绑架并被敲诈巨额赎金。特务头子毛森虽破获此案，但索要的破案费同样令人瞠目结舌（据说高达数十万美元），荣先生闻后感叹：“呜呼！天下无公道久矣。”1960年后，这里成为徐汇区少年宫。

24. “哥伦比亚乡村总会”与“哥伦比亚住宅圈”

哥伦比亚乡村总会（摄于2016.11.20）

建筑地址： 番禺路60号/延安西路1262号（有两个入口）（交通：地铁3号线/4号线“延安西路”站下，步行约20~25分钟到达；地铁10号线/11号线“交通大学”站下，步行约20~25分钟到达）

建筑风格与特色： 以西班牙风格为主，山墙与门头上带有巴洛克风格或都铎风格[一]，山墙上饰有异化葫芦瓶装饰。在大厅内的壁炉及部分阳台的铸铁护栏上可见“3C”徽记，即为哥伦比亚乡村总会“Columbia Country Club”的缩写。室内露天游泳池保存基本完好，用马赛克锦砖拼接而成的精美花纹是游泳池的最大看点。

㊀ 该风格流传于英国都铎王朝时期，混合传统的哥特式和文艺复兴风格。

“3C”徽记（摄于2016.10.29）

室内露天游泳池
（摄于2016.11.20）

建筑历史及相关掌故： 位于延安西路1262号原上海生物制品研究所内有一组带有浓郁西班牙风格的建筑群，长久以来由于研究所的“保密性质”而颇具神秘色彩，直到近年启动新项目后，才开始逐步显露出它的“庐山真面目”。

这组建筑原名“哥伦比亚乡村总会”（Columbia Country Club，也称美国乡村总会），它的东面紧邻闻名遐迩的“孙科别墅”。可能由于孙科别墅的设计者是邬达克的关系，因此这组总会建筑一度也被认为出自邬达克之手。近年来随着该领域内研究的不断深入，也发现不少专业资料记载该片建筑为哈沙德（Elliott Hazzad）设计，哈沙德与另一位设计师菲利普斯（E. S. J. Phillips）组建的哈沙德洋行在当时的上海也留下过许多知名的建筑作品，其中我们比较熟悉的有永安公司新楼（“七重天”）、华安合群保寿公司大楼（金门大酒店）、西侨青年会大楼（体育大厦）等。

以西班牙风格为主的哥伦比亚乡村总会
（摄于2016.11.20）

伴随租界扩张同时而来的还有美国在步入20世纪后国际影响力的与日俱增，美国人眼见英法德等列强先后在上海建造起了属于他们自己且风格各异的总会建筑，自然也是心有不甘。1917年“美国总会”成立，5年后的1922年，总会购下现福州路近河南路一带的地块，并着手建造属于他们自己的总会大楼（也称“花旗总会”大楼），大楼由当时身处在克利洋行的建筑师邬达克设计（也有说法称哈沙德洋行也有参与其中），整栋建筑于1924年建成（此楼后来曾作为上海市中级人民法院的所在

花旗总会大楼（摄于2016.9.3）

“哥伦比亚住宅圈”花园洋房（一）（摄于2015.12.26）

“哥伦比亚住宅圈”花园洋房（二）（摄于2015.12.26）

地，现空置）。

几乎与“美国总会”成立同时期，美孚石油、福特汽车等公司在沪的高管们也在紧锣密鼓地筹备着他们预想中的“乡村总会”，该总会就是文章开头提到的“Columbia Country Club”，即“哥伦比亚乡村总会”，也称美国乡村总会，“哥伦比亚”即指美国。“Columbia Country Club”据说于1920年前就在当时的杜美路50号（现东湖路一带）“落了户”，20世纪20年代初才开始迁至后来的地址。现在的番禺路在1924—1925年刚辟筑时曾名为“哥伦比亚路”，笔者推测该路名可能就是因“哥伦比亚乡村总会”而起的。

整片“哥伦比亚乡村总会”建筑群[㊀]约在20世纪二三十年代陆续建造，“鼎盛”时除现留存下来的两栋主建筑外，周围还有高尔夫球场、弹子房、跳舞厅及数栋花园洋房。从现在留有的当年影像来看，侨民们曾在此展开过丰富多彩的活动，礼堂内（后改为生产车间）一度“歌舞升平”，泳池中也曾经“欢声笑语”。

1941年“太平洋战争”爆发

㊀ 该建筑所在之处原为牛桥浜地区，该地区大致范围约现定西路以东、番禺路以西、法华镇路以北、延安西路以南，附近还有历史名镇法华镇，当时属租界以外地带，租界“越界筑路”后将“势力”延伸至此。

“哥伦比亚住宅圈”花园洋房（三）（摄于2015.12.26）

后，“总会”被日伪占据；1945年抗战胜利后曾被国民政府接管并使用。20世纪50年代初，上海生物制品厂（现名为上海生物制品研究所）从天通庵迁到这里，并在此度过了60余年的岁月春秋……

说到“哥伦比亚乡村总会”就不能不提到位于它附近的原“哥伦比亚住宅圈”（现新华路番禺路一带），邬达克曾在此留下过诸多作品。

上了一点年纪并常居住于此的老住户可能还知道这一带过去还曾有过李崇泾、法华寺等地名，这里的故事就说来话长了。李崇泾为以前连通蒲汇塘、肇家浜与吴淞江（现苏州河）之间的干流，后因途径法华镇也被称为法华浜或法华港。据记载，民国时泾上共有26座桥，我们如今在新华路、法华镇路一带还能看见“香花桥路”“种德桥路”等路名，就是当年横跨李崇泾上的桥梁的见证。法华镇的兴起主要源于法华寺，该寺始建于北宋开宝三年（公元970年），至北宋崇宁元年时（公元1102年）这里又兴建了观音慈报禅院，香火之兴盛使得四周开始有人流聚集。至南宋时，由于大量北人南渡，这里逐步形成了以寺庙为中心，集居住、商业为一体的东西水陆要道，至清代初中期，法华寺已成为沪上西部知名的寺院之一。正所谓“以寺兴镇”，此刻的法华镇达到了它“辉煌的巅峰”。清代后期的“太平军东征”是导致法华镇迅速衰败的主要原因之一。据记载在“东征”期间，太平军曾在法华寺满月阁设立火药局，后因不慎引发火药爆炸，殃及寺院和周边房屋，大批原住民为躲避战争而背井离乡，法华镇从此越显颓势。从柳亚子先生留下的文字记录来看，在抗战全面爆发前，法华寺还曾被用作警察所与学校。关于其在当时的情形，柳亚子先生记录道：“当我们到达的时候，几乎不相信在过去享有盛名的法华寺，竟会坍败到如此情况……”很显然，柳亚子先生眼中的法华寺与法华镇在那时早已面目全非。

伴随法华镇的落寞同时而来的还有租界当局的“越界筑路”。

“哥伦比亚住宅圈”花园洋房（四）（摄于2015.12.26）

1924年随着“江浙战争”的爆发，租界当局乘势大举西进，现番禺路（旧称哥伦比亚路）和新华路（旧称安和寺路）就是当时“越界筑路”的产物。租界势力的扩张势必会引来地产商的关注，美商普益地产公司见此良机果断出手，在位于安和寺路和哥伦比亚路一带购入大量土地用于开发地产、建造各式中高档花园住宅群，这也就是上文所提到的“哥伦比亚住宅圈”的起源，因开发商名曰“普益”，故而这一片也被称为“普益模范村”，法华镇从此有了一个阔绰的“新邻居”。

说到“普益地产”就必须提到他的老板美国人“雷文”。雷文在沪初涉地产大约是在19世纪末20世纪初，那时也是租界势力扩张的高峰时期，雷文先是在福开森等人的帮助下组建并创办了美商中

“哥伦比亚住宅圈”花园洋房（五）（摄于2015.12.26）

国营业公司，谋求在大肆购地后通过“囤积居奇”的方式抬高地价并以此来获取暴利，但此时的雷文与其公司同僚们产生了较为严重的分歧㊀，无法实现其“抱负”。不得以，他离开了中国营业公司，转而另辟蹊径地创办“普益公司”。“跳槽并真正自己当老板”后的雷文深知在企业博弈中“稳定的资金链”是不可或缺的一个环节，因而未雨绸缪，迅速创办普益银公司（类似于后来的“信托公司”）和美丰银行，并回到美国积极鼓吹他的“宏大计划”以此来换取美国投资者的投资入股，待资金充裕后再将原普益银公司下属的地产部单独划出组建普益地产公司，并杀回地产界。一切都显得那样的顺利，雷文在四川路造起了象征他“地产帝国”的普益大楼，他的地产项目遍布沪上各处，“普益地产”自此在沪上地产界雄踞一方。20世纪30年代中期后，由于“经济危机”“白银风潮”等事件的影响（其中据说还有雷文被他人举报“挪用公款”的事件），雷文在上海的结局最终以悲剧收场。

回过头来再讲“哥伦比亚住宅圈”。这片住宅区约在20世纪20年代中后期至30年代中期陆续建造，从薛理勇著《普益银公司和普益地产公司》一文中所整理的一份1937年此地住户登记信息来看，住宅圈的最初住户以洋行或公司的高职或高管居多。以安和寺路（现新华路）为例，如101号美孚洋行经理E. M. Geibel、109号英商中国肥皂公司经理Anthony B. Butler、119号美商马迪汽车公司高管Mark L. Moody、131号美国大通银行高管A. E. Schumacher、143号美商海宁洋行高管U. S. Harkson、151号英商隆茂洋行高管E. W. Poate、159号德商美最时洋行高管C. J. Melchers等，俨然已是一个高端住宅区，位于附近的“哥伦比亚乡村总会”当然也就成为住宅圈侨民

哥伦比亚乡村总会走廊（摄于2016.11.5）

㊀ 具体表现为“雷文的同僚们认为待地价稍长后即可出手，而雷文则认为当时的地产仍有很大的上升空间，因此在此刻出手无法实现利益最大化”。

们最喜爱的娱乐休闲场所。

对于老房子爱好者而言，我们可能对这里的名人名宅更感兴趣。笔者也做了一下总结，在此居住过的各界名人有：（新华路）211弄2号传教士李佳白，329弄内36号永安公司郭氏家族、同济原校长周均时，329弄32号乙原瑞典驻沪总领事官邸（后曾被盛宣怀家族购得），329弄17号实业家薛福生，231号荣氏家族荣漱仁，336号社会活动家陈香梅、实业家董竹君，等等。当然有一点笔者还是想说明一下，在众多此类文章中被写成邬达克作品之一的329弄内36号“蛋糕房”极有可能不是邬达克的作品，此宅真正的设计师可能为上文中提到的哈沙德洋行的另一位设计师E. S. J. Plilips，由此可以推测“哥伦比亚住宅圈”的建设可能也有哈沙德洋行参与其中。

如今的新华路和番禺路一带已成为上海著名的历史人文景观大道，每天都吸引着南来北往的游客陶醉其中。

链接阅读

以下再为大家介绍两处由哈沙德洋行设计的著名建筑：

金门大酒店：位于南京西路108号，原为“华安大楼”。晚清时，外商永年人寿保险公司的经理吕岳泉通过结识两江总督端方等名

金门大酒店（一）（摄于2016.10.2）

金门大酒店（二）（摄于2015.8.18）

流后开始发迹，从而得以在脱离“永年”后创办“华安合群保寿公司”。该公司曾先后在原外滩30号共济会大楼（又称“规矩会”或“拜经堂”，后遭遇火灾后被拆）和江西路31号办公。

20世纪20年代初，随着华安公司规模的壮大，吕岳泉购下现址(当时静安寺路)约10多亩土地兴建此楼。大楼由哈沙德洋行设计，新古典主义风格，于1926年建成。日本侵华后，保险业面临困境，吕岳泉不得以将此楼大部分出租出去并于1939年时改名“金门大酒店”。20世纪50年代后这里又改称华侨饭店，90年代后又改回金门大酒店至今。

体育大厦：南京西路150号，原为“西侨青年会”，约在1932~1933年建成，哈沙德洋行设计。“西侨青年会”为西方侨民组织的泛宗教团体。该团体据说与北美基督教青年会关系密切，因此在建造此楼时得到了美国洛克菲勒财团的资助。

大楼造型独特，从上俯视如马蹄状，远眺又如竖起的“美国星条旗”，建成后成为侨民青年活动休闲竞技的场所。1941年太平洋战争爆发后，这里被日军抢占并改名为“东亚体院馆”，抗战胜利后仍由西侨青年会收回并作为美军的活动场所。现大楼大部分为上海市体育局使用，内设体育博物馆。

体育大厦（一）（摄于2016.10.2）

体育大厦（二）（摄于2015.9.8）

范园外景（摄于2016.12.31）

一幢四层大楼，曾先后作为“中行”职工子弟的学校和“万航渡路第二小学”，现作为中行别业商务中心，仍居住有一些中行老职工及其家属、后代。

范园：华山路1220弄，曾为上海金融实业巨子在沪的重要住宅区。1916年上海华资银行界抵制北洋政府“停兑令”成功后，为“表彰”参与此次抵制的金融实业家，中交两大银行决定分配该地块作为奖励并在其上建造房屋，因当时称其为“中国银行业之典范”，故取名“范园”。

范园内部（摄于2016.12.31）

范园曾经的业主有张嘉璈、钱新之、李馥荪（李铭）、陈炳谦、简玉阶、蒋抑卮、孙多森、朱博泉等家族，多为当时“叱咤”国内金融实业界的大鳄。

25. 书画家王一亭与他的“梓园”

“梓园”今日外景（一）（摄于2017.1.21）

建筑地址：乔家路113号（交通：地铁9号线“小南门”站下，步行约10~15分钟）

建筑风格与特色：沿乔家路步入梓园，在西式骑门楼中间可见由吴昌硕题额的“梓园”二字。主建筑风格多样，由日式菱形瓦铺面，意大利式与哥特式窗户、古典主义的廊柱等融为一体，一旁的佛阁在继承传统中式建筑的飞檐斗拱等元素外，正立面以四根西式柱子撑起，不免会让游客看后颇感惊讶。

建筑历史及相关掌故：梓园所在地块及周边在清朝康熙年间原为进士周金然的宜园，乾隆年间时归乔光烈所有（有些资料中也写作乔光然）；咸丰同治年间又归于当时的沙船富商郁松年（号泰峰）家族名下并改名“借园”，原园内的乐山堂改建为田耕堂㊀。

西式骑门楼（摄于2017.1.21）

“梓园”今日外景（二）（摄于2017.1.21）

沪上的沙船业最早可以追溯到元朝。南宋之后，中国的经济重心南移，在此之后的元、明、清三代王朝时期，首都及其周边的供给在很大程度上需要依靠南方的“漕粮”。而这些“漕粮”原本可以通过“大运河”输送至北方，但因当时运河不畅，故而朝廷开始启用沙船将原本的“漕粮”由“河运”转变为“海运”输送到京师，其中虽屡有兴废（如明、清时期都出现过的“海禁”），但“上海港”的航运贸易总体上还是得到了长足的发展。清朝道光、咸丰年间（19世纪中叶）是上海沙船业的鼎盛时期，尤其是在太平军东进并控制了南京及其周边地区后，通过运河将

㊀ 现乔家路77号原郁家老宅，也就是宜稼堂的第二进大厅屏门上原挂有一块“田耕堂”的匾额，故而有些资料中也把乔家路77号称为“田耕堂”。

"漕粮"运送北上的方式再次受阻，朝廷于是决定江浙一带的"漕粮"均由上海运送北上。这一举措极大地刺激了当时沪上沙船业的迅猛发展。19世纪60年代后，由于西方轮船及其相关技术相继进入中国，郁氏家族受沙船业不景气的影响而逐步衰弱。大约在清末期，王一亭从郁家后人处将"借园"购入自己名下，又因园内有一百岁梓树，故将此地取名为"梓园"。现在沿街的门楼上依然可以清晰地看见由吴昌硕题额的"梓园"二字。

吴昌硕题额"梓园"（摄于2017.1.15）

王一亭

王一亭是沪上著名的书画家、实业家、慈善家、宗教界名士，加入同盟会后曾给予革命党人极大的经济资助，尤其是在"辛亥革命"后的"二次革命"中，在"买办巨头"纷纷离开"革命党人阵营"甚至"倒戈"的情况下，王一亭依旧站在"革命党人"一边，因而遭到北洋政府的通缉，但此举颇得后世"溢美之词"。

"二次革命"的失败可能是王一亭人生中的转折点，此后王一亭的重点开始转移到书画、公益等事务上。在书画领域，王一亭早年曾获徐小仓指点，后师从名家任伯年，除擅长绘画人物、花鸟、走兽、山水外，尤擅长于佛像，他的作品除在国内闻名遐迩外，在日本也广受好评。1923年日本关东大地震，王一亭通过义卖书画赈济灾民，灾民们以"王菩萨"相称，日本天皇为表示感谢特派日本建筑师来到上海，在王一亭的"梓园"内为其建造日本风格住宅一幢（也有说法称，日本设计师是在原有建筑上改建，即我们现在通过门楼后能看到的主建筑），加上原来园内已有的诸多中西风格景观，这一时期的"梓园"风光达到鼎盛。也就在此前的1922年，"梓园"还迎来了著名科学家爱因斯坦的造访，一度被传为佳话。

1937年抗战全面爆发上海“华界”沦陷后，日方试图“请王出山”出任伪职，遭其拒绝。1938年11月，王一亭在沪病逝。

如今的“梓园”已不复往日辉煌，除门楼、主建筑、佛阁外，其余景致都已难觅踪迹，“七十二家房客”成为这里的“新态”。

“梓园”今日外景（三）（摄于2017.1.21）

链接阅读

再为大家介绍一处与沙船商有关的老宅。

严同春老宅：延安中路816号，两进四合院式花园住宅，建于1933年，由林瑞骥设计，风格“中西合璧”，最初主人为沙船商人严同春（也有学者认为严同春为严氏家族沙船商号的名字，非人名）。

19世纪60年代后，由于西方轮船及其相关技术的相继传入，沙船业的黄金时代转瞬即逝，原本沪上沙船业大鳄们的命运也由此出现了分化。严同春沙船号果断转型，

严同春老宅（摄于2017.6.17）

严同春老宅内的旋转楼梯（摄于2017.6.17）

涉足房地产及钱庄业，家族在沪上的声望与地位继续“高歌猛进”，在老上海曾被誉为“严半城”；与之相比，同为沙船商的沈氏家族则没有跟上时代的步伐，从而在清末民初时逐渐没落，其家族位于南市花衣街和王家码头路一带的沈家大宅也于20世纪20年代时被严同春家族购入。后来，严氏家族在沈家大宅建筑样式的影响下，于20世纪30年代在当时的福煦路建造了另一幢两进四合院式的花园住宅，也就是延安中路816号。据《静安文博钩沉》一书中记载，福煦路严宅曾以严载如、严涵英、严春樊、严寿渠、严尔纯共有产权登记。后曾长时间作为上海市仪表局的办公地。20世纪90年代末建造延安路高架桥时，为拓宽马路，此宅的第一进被拆除，其余保留。现此建筑为《解放日报》报社使用。

第5章 学海苦旅话建筑

校园建筑是上海近代建筑中一个不可或缺的重要部分，它们曾是近代中国与世界交流的一个窗口，也曾为近代中国孕育出了数不胜数的各界精英，更为现代中国教育领域的发展提供了宝贵的借鉴。如今，当我们漫步在这些拥有着百年历史的校园中，徜徉在那些承载着厚重历史的老建筑之中时，一种渴望与历史亲密对话之感油然而生。

26. “约园”旧事

圣约翰大学旧址（现华东政法大学）（摄于2017.4.3）

建筑地址： 万航渡路1575号（近中山公园）（交通：地铁2号线/3号线/4号线至“中山公园”站下，步行约15~20分钟到达）

建筑风格与特色： 圣约翰大学内建筑风格中西合璧，殖民地外廊式与中式飞檐屋面是建筑的主要特色，以下在逐一介绍校园内主要建筑时再会提及。

建筑历史及相关掌故： “圣约翰大学”的前身为“圣约翰书院”（St. John's College），它的创立与上海美租界的设立存在一定的关联。上海的美租界大致确立于1848—1852年，由基督教美国圣公会传教士文惠廉（William Jones Boone）向上海道提出“永租”吴淞江（现苏州河）以北、虹口港以西50余亩土地而起。租界得到确认后，文惠廉在百老汇路、文监师路（现大名路、塘沽路）一带建造起了美国圣公会在虹口的第一座教

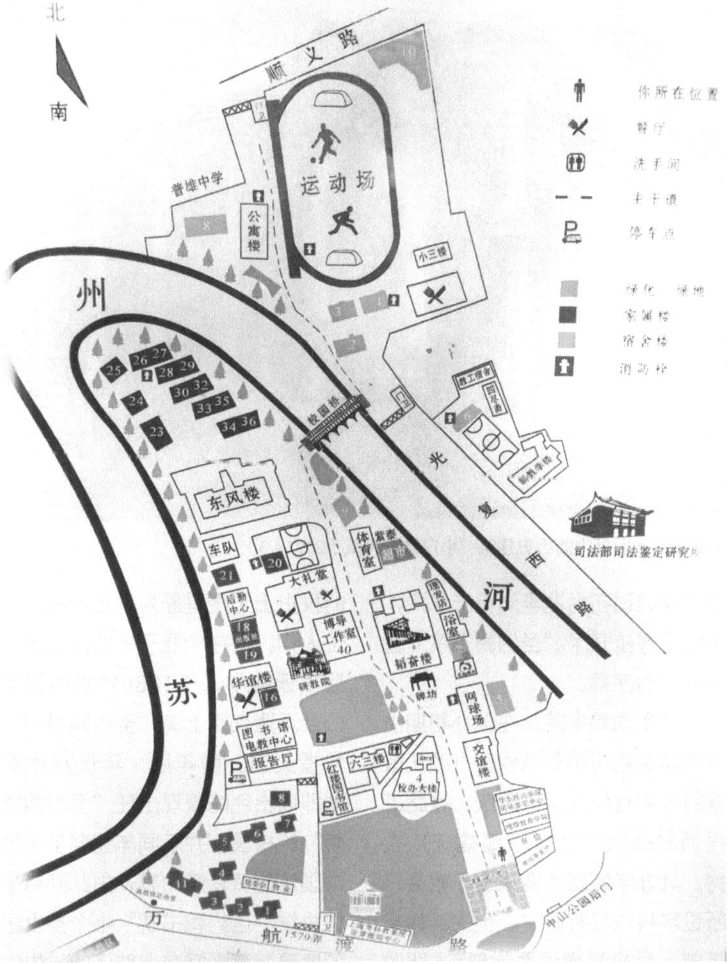

现华东政法大学校园指示图（圣约翰大学旧址）

堂——救主堂，作为该会在沪传教的一处重要场所。后来，美国圣公会又相继在这一带创办了“度恩”（Duane）与“培雅”（Baird）两所教会学校，为后来“圣约翰书院”的出现奏响了序曲。

1879年，美国圣公会上海区主教施约瑟（Bp. S. I. J .Scherechewsky）着眼于该会未来在中国的发展，将“度恩”与“培雅”两所学校合并成为“圣约翰书院”，并将校址迁往沪西（即现华东政法大学校址，

圣约翰大学旧址内的历史建筑“小白楼”（摄于2017.4.3）

该地块据说初为兆丰洋行产业），由此正式拉开了“圣约翰书院”在沪办学的序幕。

“圣约翰书院”在创办初期由施约瑟主教与颜永京牧师（颜氏家族后人中有外交家颜惠庆、铁路工程师颜德庆、医学家颜福庆）主持，其办学经费主要来自于教会，所设学科也仅有国文、英文、神学等部，后来又增设医学部[㊀]，所收生源也大多来自于信众家庭。

美国人卜舫济（Francis Lister Hawks Pott）在“圣约翰书院”的校史上无疑是最为举足轻重的一位人物。他在毕业于哥伦比亚大学后攻读神学，于1886年受美国圣公会派遣来到上海“圣约翰书院”教授英语。两年后，年仅24岁的他即以出色的表现出任“圣约翰学院”的校长，并于同年迎娶了一位中国信徒黄素娥为妻，由此开启了他执掌“圣约翰书院”半个多世纪的序幕。黄素娥在卜舫济的一生中扮演着无法替代的角色，在卜舫济的回忆文字中曾这样评价黄素娥：“她帮助我了解中国人民最好的品

㊀ 约1880年，由美国圣公会创办的“同仁医院”在文惠廉之子文恒理（Henry William Boone）的主持下开设了一所医学校，该校经改组后并入“圣约翰书院”，是为“圣约翰书院”医学部的前身。

卜舫济与黄素娥新婚照片

质和特性，对此我无以为报。”

卜舫济出任“圣约翰书院”校长后，对于以往的办学方针做了较大幅度的调整，他除了逐步加强对于学生在英语方面的教学力度以外，还主张将除国文课本外的所有课本一律改为使用英语教学并与美国教育模式接轨。卜舫济认为：“这样做可以铲除学生的排外偏见……可以促进东西方之间的交流……”后来的事实证明，他的这些做法对于后来学校的发展在客观上确实起到了一定的促进作用。1905—1906年是“圣约翰书院”历史上非常值得关注的两年，就在这两年中“圣约翰书院”完成了向美国的注册并正式升级成为“圣约翰大学”，从此“圣约翰书院”的学生可以获得与美国同等学校的毕业文凭，也可以直接报考美国相应的学校，这在当时的沪上还是十分具有吸引力的，越来越多经济宽裕的家庭开始纷纷将自家的孩子送往“圣约翰大学”就读，由此“圣约翰大学”的形象也从以往一所普通的教会学校渐渐蜕变成为一所带有“贵族性质”的“大型综合学府”，并成为当时中国为数不多的、在世界上享有一定声誉的知名学府之一，从这里走出的各类英才开始逐步跻身于近现代中国的各个重要领域，有些人甚至还成为某些领域中的领军人物。其中著名“校友”有（包括曾在其附中就读）外交家顾维钧、施肇基，教育家张伯苓、张建邦，实业家刘鸿生、吴舜文，作家林语堂、刘以鬯，新闻工作者邹韬奋，会计学家潘序伦，医学家颜福庆，经济学家蒋中一，音乐家瞿希贤以及建筑师范文照、沈祖海、张肇康、贝聿铭等，“阵容”堪称豪华。客观上讲，“圣约翰大学”对于中国近现代各领域的发展是有着一定积极意义的。

“圣约翰大学”内的建筑群一直以来都是该校园内的一大亮点，以下为大家介绍其中的几幢：

1. 韬奋楼：原名“怀施堂”（为纪念“圣约翰大学”的创始人施约瑟主教），1894—1895年建造，四合院式的两层砖木结构建筑，带有殖民地外廊式建筑风格，屋面采用中式小青瓦与“飞檐”样式。原钟楼为重檐，后在1959年的大修中改为单檐。

2. 校政楼：据说原为英商兆丰洋行霍格兄弟产业，故而也被称为“霍格别业”或“霍格别墅”，后转让给“圣约翰大学”。该建筑建造时间较长，据说花费36年，直至1899年才最终竣工，是沪上中西合璧建筑的一大亮点。整幢建筑屋面以铁皮覆盖，既能看到西式的烟囱，又能看到仿中式的“飞檐”和“木质雕花”，整体感觉“亦中亦西”。后因校长卜舫济的办公室就设在此楼内，故而也以“校政楼”相称。

3. 四号宿舍楼：现四十号楼

韬奋楼——邹韬奋塑像（摄于2017.4.3）

韬奋楼——钟楼（摄于2017.4.3）

校政楼（摄于2017.4.3）

礼堂，原名“思颜堂”（为纪念“圣约翰大学”早期的主要主持者颜永京），建造于1903—1904年，外廊式砖木结构建筑，内设有大会堂。1913年2月1日，孙中山先生曾受邀在这里发表演说，并告诫青年：“既有知识，必当授人。民主国家，教育为本。人民爱学，无不乐承，先觉觉后，责无旁贷，以若所得，教若国人，幸勿自秘其光”。

思颜堂（摄于2018.3.4）

4．交谊室：1919年时由“圣约翰大学”同学会与校友为纪念校长卜舫济的夫人黄素娥女士而捐资建造，校友兼著名华人建筑师范文照设计，钢筋混凝土及砖木混合结构，中国风浓郁，1929年建成，竣工后成为校内学生举办联谊、会议、文娱活动、体育比赛的主要场所。

交谊室（摄于2017.4.3）

5．纪念坊：位于韬奋楼南边，1929年由曹家渡众商民为纪念“圣约翰大学”建校50周年而立，1992年由“圣约翰大学”校友会在纪念坊原处复建。纪念坊四根石柱的前后都琢有两副对联并有横额。南面外联为“环境平分三面水，树人已半百年功”；中联为“淞水锺灵英才乐育，尼山知命声教覃敷”；横额为“缉熙光明”。北面外联为“明礼达用是为国华天挺之才资造就，新命旧邦广开学舍海通而浚此权与”；中联为“命中

纪念坊（摄于2018.3.4）

西於一炉五十载缔造经营蔚成学府，在东南为巨擘千万人濯磨淬厉用扬国光”；横额为“圣约翰大学”的校训“光与真理”，寓意“圣约翰大学在教育领域及培养人才上所取得的杰出成就”。

在肯定“圣约翰大学”积极一面的同时，我们也应该清醒地认识到“圣约翰大学”毕竟是一所带有美国教会背景的学校，故而在它的办学过程中也曾出现过一些令中国人看来比较“屈辱”的往事。如卜舫济就曾说过：“圣约翰大学就是一所在治法外权庇护之下，设在中国领土之上的一所美国人学校。”他在执教“圣约翰大学”期间曾极力抵制中国政府对于该校的管辖，即便在20世纪20年代后期南京国民政府成立并要求各校向新政府立案后，卜舫济还是表现出一如既往的不合作态度。“五卅惨案”后的“六三事件”无疑是卜舫济最被诟病的一次焦点性事件。“五卅惨案”发生后，“圣约翰大学”广大爱国学生积极参加示威游行以支援“五卅运动”，卜舫济对此加以干涉并于6月3日那天在学生集会之际将校园中下半旗的中国国旗取下，从而在学生中引起轩然大波，其中许多不满的师生因此而离校并另行组建了光华大学，“圣约翰大学”也因此在声誉上大大受损。1941年，卜舫济辞去了担任半个多世纪的“圣约翰大学”校长职务，校长之职由沈嗣良接替。

20世纪30年代后，“世界金融危机”波及上海，“圣约翰大学”也由此出现了一定程度上的财政困难，后不得不依靠同学会的捐助与各方借款勉强维持。1937年抗战全面爆发后，“圣约翰大学”与之江、东吴、沪江等校合办华东基督教联合大学并一度将校址迁至南京路大陆商场内。1938年6月25日，联合大学还曾在大光明大戏院内举办过毕业典礼。

在1952年全国高等学校院系的调整中，原“圣约翰大学”的各院系分别并入复旦、华师大、同济、二医大、财经学院等院校，原校址后来成为“华东政法学院”（现华东政法大学）“圣约翰大学”至此最终落下帷幕。

思颜堂旋转楼梯（摄于2017.4.3）

27. “贵族女校”中西女中

“贵族女校”中西女中旧址（现上海市第三女子中学“五四楼”）（摄于2016.3.12）

建筑地址： 江苏路155号（近武定西路）（交通：地铁2号线/11号线至“江苏路”站下，步行约5分钟到达）

建筑风格与特色： 由邬达克设计的现“五一楼”与“五四楼”主要以美国学院哥特式风格为主。红瓦屋顶上均开有排列整齐的老虎窗，“五一楼”底层的尖券敞廊与“五四楼”底层的彩色玻璃是两幢建筑的主要亮点，每当阳光洒向大楼并将

“五四楼”彩色玻璃（摄于2016.3.12）

彩色玻璃“点燃”的那一刻，各种绚丽且又奇幻的光影透过玻璃映射到楼内米黄色的地坪上，“五四楼”最令人赏心悦目的时刻刹那间便到来了。

建筑历史及相关掌故： 上海市第三女子中学是目前上海唯一保留的一所女校，过去这里曾是上海三大贵族女校之一“中西女中”的校址（其余两所为圣玛利亚女校和晏摩氏女中）。关于“中西女中”的历史，我们还要从19世纪后期说起。

“中西女中”的前身为“中西女塾”，由基督教美国监理会（也称“美国南方卫理公会”）传教士林乐知、海淑德等人于1892年创办，英文校名为“McTyeire㊀ School”，故而也被称为“墨梯女校”。就在女校开办的约10年前，林乐知已在上海开办中西书院（现苏州大学的前身之一）并取得了较大成功。

“中西女塾”校址初设于现西藏中路、汉口路一带，办学宗旨为“在教授中西方文化知识的同时进一步传播基督教思想”。受林乐知在沪多年传教感受的影响㊁，女校招生的主要对象被定位为“社会上层人士家庭中的女孩”，这为该校后来逐步演变为一所“贵族学校”埋下了伏笔。

中西女中大门旧照

女校首任校长海淑德（Laura Askew Haygood）在建校过程中厥功至伟，她与林乐知一样出生在美国南部的佐治亚州，毕业于威斯里安女子学院（“中西女塾”校友宋氏三姐妹都曾就读于该校），后曾出任亚特兰大女子高级中学校长，在女子教育领域可谓经验丰富。她于1884年到达上海后即与林乐知一起筹划开办女校的各项事宜，此间她曾多次写信联系监理会妇女传道部麦加沃克夫人（Mrs. D. H. McGavock）以说明开办女校的重要性，曾前往美国及其他各地为筹办女校募集资金，还曾“实地勘察”为女校选定合适的校址。“中西女塾”开办后由于教职人员的一时短缺，海淑德不得不在诸多校务上亲力亲为，繁重的工作严重影响了她的健康。1894年4月，心力交瘁的海淑德将女校的工作交付给莲吉生（Helen Richardson）后暂时返回美国调养身体，约两年后又返

㊀ 为纪念在该校筹备过程中曾给予过大力支持的基督教美国监理会主教赫兰德·墨梯。

㊁ 林乐知在传教过程中发现许多提倡洋为中用的社会上层人士并不排斥基督教，对于有用的人文学科与科学同样乐于接受。

“五一楼”（摄于2017.4.2）

沪投入教务工作，并于1900年在上海病逝。

女校第二任校长莲吉生在“中西女塾”的办学道路上可谓起到了承前启后的作用，在她执掌“中西女塾”的23年时间里（1894—1917），女校的各项工作都得到了有条不紊的发展，学校每年两个学期并设有寒暑假，学生每天早晨6点起床、8点上课，课程安排上午四节、下午两节，设置的课程有英文、数学、科学、历史、地理、国文、音乐、宗教等；下午两节课后是学生的体育活动时间。除此之外，女校还十分注重对于学生生活技能的培养，学生除需自己打扫寝室外，学校还专门为学生设置了刺绣、烹饪等课程，有效促进了在校学生的全面发展。

莲吉生在任校长期间对于学生的管理是十分严格的。在“中西女中”第二任中国人校长薛正的回忆文章《我所知道的中西女中》一文中曾经记载过这样一件事情，足以证明莲校长的“治校之严”。“1914年秋，在一堂自修课上有几个学生自由谈话，正巧莲校长走过，即责备学生不该讲话，要讲话的学生自书名字，听候处理，遭学生们的拒绝……莲校长大怒，立即公布开除她们……”

女校声誉的与日俱增使得越来越多上层人士家庭都争相把自家的掌上明珠送往“中西女塾”就读，因此“中西女塾”的校舍也随之而变得局促起来。1916—1917年，女校在出售原西藏路汉口路大部分学校产业后买下沪西忆定盘路“经家花园”的数十亩土地（即现上海市第三女子中学校址）用于女校中学部的办学（后小学部也迁往该址），从此开启了“中西女塾”在忆定盘路办学的历史。现五一楼㊀和“五四楼”㊁就是在此之后被建造起来的。

1927年南京国民政府成立后，“中西女塾”向政府立案的计划逐步被摆上议事日程，因宋氏家族也是“监理会信徒”的关系，“中西女塾”于1928—1930年坦然接受立案并改名“中西女中”，杨锡珍与薛正先后成为女校立案后的两位中国人校长，女校实权仍由在校的美国顾问团掌控，用薛正校长自己的话来描述当时的实情就是：中国校长等于洋顾问的办公室主任，是个不折不扣的傀儡。

1943年“中西女中”忆定盘路校址被日军侵占作为军医院后，女校曾一度迁至海格路原圣公会女校（现华山路中福会儿童艺术剧场），并坚持办学直到抗战胜利。

从“中西女塾”到“中西女中”的历史上曾经出过许多知名的校友，其中具有代表性的有：宋氏三姐妹（宋霭龄、宋庆龄、宋美龄），教育家薛葩（著名女作家张爱玲曾在其创办的“黄氏女学”

中西女中老莲吉生楼旧照

中西女中（海格路临时校舍）
（摄于2016.3.12）

㊀ 原“兰柏-克洛普顿楼”（Lambuth-Clopton Hall）是由我们大家所熟悉的邬达克设计，邬达克当时所属的美商克利洋行对于该楼的设计方案在竞标中“击败”了包括著名建筑师亨利·墨菲在内的所有对手。大楼于1922年竣工，建成后为宿舍楼。

㊁ 原“莲吉生楼”，1935年竣工，也称“景莲堂”。1917年“中西女塾”迁至忆定盘路校址后曾一度在原“经家花园”洋房内上课。因莲吉生校长于当年去世，全校师生为了纪念她，就以“莲吉生”作为洋房的名字。20世纪30年代后，洋房年久失修，校方拆旧建新，遂建成“新莲吉生楼”。据薛正校长回忆，造楼的经费来自于将原汉口路学校旁空地租予扬子饭店所得的15万元。

就读）、陈鸿璧，银行家严顺贞，中国第一位女律师、第一位驻联合国女大使程修龄，药物学家、中国科学院院士黄量，科技部部长朱丽兰（1998—2001），科学家周芬芬、李再婷、顾小芸、王兰娟，钢琴家顾圣婴等，充分印证了“巾帼不让须眉”这句话。

1952年，“中西女中”与“圣玛利亚女校”（基督教美国圣公会创办）合并成为上海市第三女子中学，一段新历史由此展开。

链 接 阅 读

上海市第三女子中学的前身除了“中西女中”外，还有一部分来源于同为“贵族女校”的“圣玛利亚女校”。“圣玛利亚女校”起源于1881年创办的“圣玛利亚书院”（St. Mary's Hall），书院的前身为“文纪”和“俾文”两所教会女校。两校后于1881年在圣公会上海主教施约瑟（Rev.S. I. J. Schereschewsky）的筹划下合并成为“圣玛利亚书院”。

“圣玛利亚书院”诞生后迁往当时的圣约翰学院以北办学，女传教士文海莉（Ms. Henrietta. Farris）出任总监督（相当于校长），施约瑟对于该校的发展做了整体性规划，学校由此逐步步入正轨。至19世纪末20世纪初，随着“女子教育”在社会上的兴起，部分家境富裕且开明的家庭纷纷开始

长宁路“圣玛利亚女校”旧址（摄于2017.11.18）

通过支付学费的方式把自家的女孩送入新式学堂进行学习，再加上后来该校主持者黄素娥、孙罗以等在办学的过程中成效卓著，“圣玛利亚书院”的“优质办学”也就此有了坚实的基础。

1923年7月，“圣玛利亚书院”迁入白利南路（现长宁路）新校址后继续办学，校名也随之改变为“圣玛利亚女校”。新校园最初共有12幢西班牙风格的建筑，其中有8幢通过连廊连接为一体；1925年后又建造了教堂与钟楼。著名女作家张爱玲的中学时代就是在这个学校度过的。

“圣玛利亚女校”旧照

“圣玛利亚女校”钟楼内景
（摄于2017.11.18）

1937年，“八一三”淞沪抗战爆发后，“圣玛利亚女校”白利南路校舍被日军占领，学校开始了长达八年的颠沛流离，南京路大陆商场与圣约翰大学内的斐蔚堂（现华政六三楼）曾先后成为“圣玛利亚女校”艰难办学的场所。这种情况一直延续到抗战胜利后，学校迁回原址为止。

1952年，“圣玛利亚女校”与“中西女中”合并成为上海市第三女子中学，原长宁路校址曾先后作为上海纺织工业学校、东华大学纺织学院长宁分校使用。2005年某房地产开发商入驻这里后的情况一度极为惨烈，除钟楼外，其他建筑无一幸免，此事在媒体曝光后受到社会各界广泛关注，值得你我共同深思。

28. 从“厦门大学”走出的“大夏大学”

“大夏大学”旧址（现华东师范大学）（摄于2016.4.10）

建筑地址： 中山北路3663号（近金沙江路）（交通：地铁3号线/4号线/13号线“金沙江路”站下，步行约10分钟）

建筑风格与特色： “群贤堂”（现“文史楼”）是“大夏大学”时期所留下的主体建筑，大楼外观简洁、立面对称；主入口处由四根爱奥尼柱子支撑；主楼梯居中，两边各设一部辅楼梯；另在建筑外墙与转角处还可见壁柱装饰。

建筑历史及相关掌故： 在华东师范大学中山北路校区，细心的朋友可能会发现近些年校区内的“文史楼”忽然变成了“群贤堂”，这其中的原委还要从1924年的“厦门大学”说起。

主体建筑——“文史楼”（原“群贤堂”）（摄于2017.5.14）

1924年年初，“厦门大学”部分学生为求学校有更好的发展前景，向“厦门大学”校方提出改革校务的诉求，结果因校方处置不当而引发“学潮”，学生中约有300余人宣布离校；学校教育科主任欧元怀、商科主任王毓祥、注册科主任傅式说等也因此被校方解聘。

同年6月，离校学生在原“厦门大学”教授欧元怀、王毓祥、傅式说、余泽兰、林天兰、吕子芳、李世琼、吴毓腾、周学章等人的帮助下，拟在上海筹建新校，并于当年7月7日联合发布了《大夏大学临时筹备处成立通告》（“大夏”有取“厦大”之谐音，也有“光大华夏”的寓意），“大夏大学”的历史由此开启。

学校创办初期，经费的筹措自然是头等大事，就在此艰难时刻，同盟会元老王伯群向校方伸出了援手，以2000元为新校筹备及租赁校舍等事宜解了燃眉之急（王施以援手据说是因离校学生中有何应钦的三弟何纵炎，而王伯群的胞妹又是何应钦的夫人），学校在租得贝禘鏖路（现成都南路）美仁里24号（也有说法是14号）开设筹备处后，又租得宜昌路115号作为临时校舍（也有说法为宜昌路118号大有余榨油厂空房），各项事宜都在有条不紊地推进之中。

“大夏大学”校长王伯群

1924年9月20日，“大夏大学”在槟榔路（现安远路）潘家花园（地产商潘守仁住宅，地址约在现静安与普陀两区的交界处）内正式举办开学典礼，初创时设文、理、商、教、预五科，在册人员多为“厦门大学”离校师生。同年11月22日，学校董事会公推马君武为校长，王伯群为主席董事，“大夏大学”由此步入正轨。

“大夏大学”初创历程总体来说还是艰辛坎坷的，给人的大致印象可以用“颠沛流离”来形容。就在上文所提到的“租得宜昌路115号作为临时校舍”后不久，同年9月学校又租下小沙渡路201号（现西康路）为临时校舍。8个月后，“五卅运动”爆发，公共租界工部局以“大夏大学”部分学生参与运动为由，勒令学校在短时间内迁出租界，学校不得不迁至曾见证过学校创办的槟榔路潘家花园继续办学。数月后，又因学校新设高等师范专修科与附属中学等原因导致学生数量快速增长，原潘家花园的规模显然已跟不上学校继续发展的脚步，于是学校又在当时胶州路301号处租地建造三层楼房来作为新校舍[一]，同时也租赁周边劳勃生路（现长寿路）和“星加坡”路（现余姚路）房屋以作为男女生宿舍之用（据说这些学生宿舍用房也是向潘守仁租赁的），学校至此规模初显，并为接下来十年的“黄金时代”奠定下了良好的基础。

1927—1928年，在首任校长马君武因有其他任命离开后，王伯群继任“大夏大学”校长，学校迎来了发展势头最好的十年。

1929年，南京国民政府教育部派专员前来“大夏大学”视察并予以学校正式立案，自此“大夏”各科改为学院。1930年，在王伯群校长等人的多方奔走与筹措下，学校又在新址（即现华师大中山路校区处）购地造房，建主教学楼一座（群贤堂，即后来华师大时期的文史楼）、男生宿舍两座（群策斋、群力斋）、女生宿舍一座（群英斋），以及教职工宿舍及其他用房十余幢等，之后又陆续建造起图书馆、体育馆、实验室等；民族实业家荣宗敬后又将丽娃河一带捐赠给学校，学校规模进一步扩展，学校大学部分于1930—1931年全部迁入新校址，原胶州路则留给附属中学继续使用。20世纪30年代初中期的“大夏大学”除了在“一·二八”时期短暂“受挫”外，其余时期都得到了良好的发展，约至20世纪30年代中期，

俯视“大夏大学”

“大夏大学”群贤堂旧影

[一] 有资料记载，当时学校在胶州路租地造房也是一波三折，此地块原也属潘家花园主人潘守仁所有，“大夏”与其协商租地建房一事起初数月未果，后校长马君武以住宅地契向“南三行”之一浙江兴业银行抵押，再由大夏大学校董、时任该行总经理的徐新六出面担保，方才敲定此事。

“大夏大学”已成为一所私立性质的综合大学，还曾被誉为“东方的哥伦比亚大学”。

1937年“八一三”淞沪抗战爆发后，学校新址因地处华界曾多次遭遇日军轰炸，学校大批建筑被夷为平地，主教学楼“群贤堂”遭到严重损坏，学校大部分师生在八年抗战中被迫踏上西行之路，艰难辗转于江西、重庆、贵州等处苦苦维持（1944年12月20日王伯群校长病逝后，欧元怀继任校长），之间还一度曾与复旦大学组成第一联大和第二联大。

“大夏大学”护校委员会成员1942年在贵阳的合影

留沪的小部分师生同样也在极度困难的环境下暂将“教育进行到底”，时大沽路451号、祁齐路197号（现岳阳路）、静安寺路（现南京西路）、重华新邨（梅龙镇酒家处）等地曾先后留下“大夏大学”艰难办学的身影。1941年，学校还一度在香港圣保罗女书院内设立“大夏大学”香港分校，办学生命力十分顽强。

1945年抗战胜利后，大夏学

“大夏大学”在抗战时期的办学点之一（梅龙镇酒家处）（摄于2017.9.29）

“思羣堂”（摄于2017.5.14）

子陆续回到中山路校区，现在华师大校园内依旧可见的“思羣堂”（大礼堂）就是在那之后建成的。

“大夏大学”的知名校友有：经济学家郭大力、儿童文学作家陈伯吹、儿童文学翻译家任溶溶、文学家翻译家戈宝权、生物化学家刘思职、核农学家陈子元等。

20世纪50年代初全国高校院系调整时，“大夏大学”与光华大学的主体合并成为华东师范大学（校址即为原“大夏大学”中山路校区处），另有部分院系分别并入复旦大学、同济大学和上海财政经济学院（现上海财经大学）等。“大夏中学”则与光华附中合并成为华东师范大学附属中学。至此，“大夏大学”的历史使命宣告结束，华东师范大学的历史拉开了序幕。

文史楼走廊（摄于2017.5.14）

29. “上海理工大学”校园中隐藏的那些“名校”往事

“上理工”军工路校区——沪江大学旧址（校门）（摄于2017.4.15）

建筑地址（“上理工”军工路校区）：军工路516号（交通：地铁12号线“爱国路”站下，步行约25~30分钟）

建筑风格与特色（“上理工”军工路校区）：建筑群主要以美国学院哥特式风格为主（局部也带有罗马风），清水红砖、双坡瓦屋顶及哥特式尖券等特征明显。

建筑地址（“上理工”复兴中路校区）：复兴中路1195号（近陕西南路）（交通：地铁1号线/10号线/12号线“陕西南路”站下，步行约10分钟）

建筑风格与特色（“上理工”复兴中路校区）：主建筑整体呈现“凹”形，两侧对称，主入口设计有出挑并由四根塔司干柱子支撑的廊，廊上有阳台，顶部有数个德国式圆弧形老虎窗。建筑内部相对保护较好，从拱顶门厅略带浅绿色的地面砖与精致的铸铁楼梯护栏中，仍能依稀看到该建筑往日的风采。

主建筑内拱顶门厅（摄于2017.1.20）

主建筑内略带浅绿色的地面砖与精致的铸铁楼梯护栏（摄于2016.10.2）

沪江大学（思晏堂）（摄于2017.4.15）

建筑历史及相关掌故： 在上海的历史上，“沪江大学”是与“圣约翰大学”齐名的一所知名高等学府，它的旧址位于现军工路上海理工大学校区内。

“沪江大学”是一所由基督教美国“浸礼宗”（也称“浸信会”）创办的教会学校，其前身有二，分别为1906年和1909年创办的浸会神学院（Shanghai Baptist Theological Seminary，有些资料中也翻译成“上海浸会道学书院”）与浸会大学堂（Shanghai Baptist College），两校于1911—1912年合并后于1914—1915年正式改名为“沪江大学”（英文校名初为“Shanghai College”，1929年后正式改名为“University of Shanghai”），美国人魏馥兰（Dr. Francis John White）出任该校校长。1917年，该校在美国弗吉尼亚州注册后，其毕业生可以不经考试到该州的任何一所大学深造，“沪江大学”也由此成为上海近现代历史上一所非常知名的高等学府，它的校园在经过著名建筑师亨利·墨菲（Henry Killam Murphy）整体规划后分数期建造完成，成为沪上最为优雅、美观且大气的校园之一，建筑群主要以美国学院哥特式风格为主。以下为大家介绍几处“沪江校园”内的主要建筑：

思晏堂：建造于1908—1909年，是沪江大学第一幢大型建筑，“晏”字是为纪念浸信会传教士“晏玛太”。1956年时，此楼曾因突遭龙卷风而损坏严重；1957年时进行

沪江大学（思魏堂大礼堂）（摄于2017.4.15）

沪江大学（图书馆）（摄于2017.4.15）

沪江大学（图书馆）公共空间（摄于2017.4.15）

过整修，但没有完全恢复原貌。

思魏堂（大礼堂）：1936年为纪念校长魏馥兰及庆祝建校30周年而建，1937年竣工，建筑平面呈现“L”形，外立面可见较为明显的尖券窗与十字窗花，哥特风浓郁。

图书馆：20世纪20年代中后期至1948年由学校师生及校友捐资陆续建造（其中还得到过美国西门基金会的资助）。主入口及两旁都建有城堡样式的塔楼，位于楼内中间的大型公共空间宽敞大气。1948年，该图书馆在进行扩建后为纪念已故校长刘湛恩而改名为“湛恩纪念图书馆”。

音乐堂：1935年建造，建成初原作为礼堂，后为“沪江大学”音乐系使用。整个建筑为红砖墙面，门窗等细部尖券元素众多，哥特风格明显。

“沪江大学”以“信、义、勤、爱”四字作为学校的校训。在它的办学历程中，有以下几点是比较突出并值得我们借鉴的。

其一，“沪江大学”是当时国内高校中“男女同校”办学模式的先行者之一。“男女同校”无论是从当时教会还是中国传统礼教的角度来讲，一般都是不被允许或是难以接受的，“沪江大学”于1920—1921年间突破了这一束缚。随着当年四位女生的入学，而“沪江大学”的校园内从此也有了女生的身影。

其二，“沪江大学”非常鼓励在校师生利用课余时间去进行“社会实践”。学校自1913—1914年间创立国内大学第一个社会学系，不久后，就于1917年以该系师生

沪江大学（音乐堂）（摄于2017.4.15）

为主体创办了带有社区服务性质的“沪东公社”，以为学校周边的民众服务。“沪东公社”的服务内容非常丰富且大多都能落到实处，基本涵盖了医疗（义务施诊看病、卫生知识宣传）、教育（兴办学校和图书馆普及文化科学知识）、生产（组织妇女进行手工艺生产并为她们的劳动成果寻找销路，以此来改善民众生活）、娱乐（播放电影）、生活（开办民众食堂与茶园）等各大领域，受到了周边民众的好评。

其三，“沪江大学”的管理者们与普通教职人员一样，也会亲临一线进行教学。20世纪20年代末，“沪江大学”在向南京国民政府教育部申请立案并获得批准后，我国著名的教育家、社会活动家刘湛恩出任“沪江大学”校长，学校在他倡导教育“中国化”的管理下又迎来了一派崭新的气象。学校当时有这样一条规定：校长、院长和各系主任都必须亲临教学第一线，向学生们教授一门基础课，这样做既有利于巩固与提升学校整体的教学质量，而且也能使学生在聆听专业授课的同时，进一步激发自己对于所学课程的兴趣，可谓一举两得。直到20世纪八九十年代时，仍有不少“沪江老校友”对于当年的这项“校规”念念不忘，有校友回忆道：“学校理学院院长郑章成先生在讲述血液循环时，会在黑板上画上代表心房与心室的四个方格，然后加上血管，让同学们弄清动脉与静脉的概念及血液循环的途径。课后，他要求学生用土豆刻一心脏，染上红蓝颜色，再用马粪纸剪一人体，将心脏嵌在上面，用红蓝笔描上血管，以进一步巩固课堂知识。”

“沪江大学”时任校长刘湛恩

真光大楼（摄于2016.10.2）

其四，“沪江大学”在“成人教育”领域内也颇有建树。受之前“沪东公社”惠及大众的影响，校长刘湛恩在上任后即决定把“沪江”的教学也进一步推向社会公众，在“沪江大学”老校友、著名的金融家朱博泉的帮助下，“沪江夜大学”（沪江大学城中区商学院）于1932年得以创办，朱博泉担任院长，校址设在圆明园路上由邬达克设计的真光大楼内，从此白天忙碌于工作的人们也同样可以得到进入优质大学进行学习深造的机会，“沪江”也因此成为我国在“成人教育”领域的先行者之一。

其五，“沪江大学”在抗日救亡运动中表现尤为突出，校长刘湛恩更是为此献出了自己宝贵的生命。1931年“九一八”事变后，刘湛恩积极投身于抗日救亡运动，除在校内外为抗日积极奔走呼吁外，他还请邹韬奋等社会进步人士来“沪江大学”为在校师生进行演讲，全力激发大家的爱国热情。1937年“八一三”淞沪会战上海沦陷后，刘湛恩不顾友人劝阻，坚决留在上海抗日并揭露日本侵略者的罪行。1938年4月7日，刘湛恩在与家人外出时遭特务暗杀，牺牲时年仅42岁。当年的《大美晚报》曾为此而著文，“每一个善良的中国人，应昂然踏着刘氏的血迹前进！”

刘湛恩遇刺身亡后，“沪江大学”由原教务长樊正康继任校长一职，校址也在抗战中几度更迭，校名也曾一度变更为“沪江书院”。

“沪江大学”的校友中也是名人辈出，知名的有诗人徐志摩、民盟爱国志士李公朴、法学家吴经熊、文学评论家夏志清、骨科专家方先之、电分析化学家汪尔康、材料学家胡壮麒等。

在1952年全国高等学校院系的调整中，原“沪江大学”的各院系分别并入复旦大学、上海交通大学、华东师范大学、上海财政经济学院（现上海财经大学）、华东政法等院校，原校址后来成为“上海机械学院”（即现在上海理工大学的主要前身），“沪江大学”的历史至此画上句号。

在上海理工大学复兴中路校区（近陕西南路）的校园内还隐藏着一段昔日“同济大学”的往事。

关于这段往事的起因，说法有二：①19世纪末在德国某海军学校学医的宝隆（Erich Paulun）在目睹当时上海缺医少药的情况后产生了同情之感，与数名德国医生在德国驻沪领事馆的帮助下在白克路（现凤阳路长征医院处）创办“同济医院”；②在1900年八国联军侵华期间，当时联军有部分伤兵被送至上海进行医治，德国旅沪医学博士宝隆所开设的诊所也参与到了

沪江大学（刘湛恩校长旧居）（摄于2017.4.15）

医治伤兵的行列中（该诊所据记载最初开设在德国领事馆附近，原德国领事馆约相当于现在黄浦路海鸥饭店的位置）。战争结束后，德国军队在撤走之前将许多医疗器械与药品赠予宝隆，宝隆的诊所就此扩大为同济医院并迁至白克路。宝隆去世后，“同济医院”改名为“宝隆医院”。

“上理工”复兴中路校区——同济德文医工学堂旧址（摄于2017.1.20）

1907年时，根据中德文化协定，需要在上海建立一所中德合办的医学院，于是现在同济大学的前身——“同济德文医学堂”就此诞生，宝隆担任学堂总理（即校长）。“同济”二字在当时寓意“中国人与德国人同舟共济”，也是取自“Deutsch”（德意志）的谐音。1912年，“同济德文医学堂”在原有基础上又增设工科并更名“同济德文医工学堂”。

规模扩大后的“同济”感到原在白克路（现凤阳路）的校舍不敷使用，于是开始在法华路（即后来的辣斐德路，现复兴中路）购地建造新校区并开始整体搬迁（即现在

同济德文医工学堂楼梯（摄于2016.10.2）

上海理工大学复兴中路校区的位置）。值得一提的是，就在该校区旁现在被称作陕西南路的那条马路，在筑路之初就是以“同济”的创始人“宝隆”来命名的，一战后，宝隆路改名为亚尔培路。

同济辣斐德路新校区约在1908年开始建造，主楼是一幢德国砖石混合结构假三层的建筑。如今，当我们迈入校园后仍能感受到它的庄重与典雅。该建筑由德国倍高洋行建筑师“Heinrich Becker”设计，为该校区建筑群中的“点睛之笔”，是上海留存至今为数不多的优质德国风格建筑之一。

“同济德文医工学堂”建筑内景
（摄于2016.10.2）

1914年后的“同济”可以用“命运多舛”来形容。1914年，法租界大幅西拓至现华山路，“同济”辣斐德路新校区被划入法租界的势力范围之内，加之同年一战爆发，法德两国在战场上势同水火，法租界当局于1917年为防止德国人利用该校机器制造武器为由，接管“同济”辣斐德路校区，“同济”于此后被迫改成私立性质并于1922年迁至吴淞，至此开启了“吴淞时代”。

就在法租界当局接管“同济”辣斐德路校区的同时，1917年中国也向德国宣战，因之前的“同济”有中德共同管理的先例，加之后来《凡尔赛和约》中有规定“德国将其在上海法租界内的德国学校财产放弃，以与中法两国政府”，故在当时北洋政府较长时间的交涉争取下，原辣斐德路校区改由中法双方共同管理，并于1921年在此成立“中法国立通惠工商学校”。

中法共同管理下的“中法国立通惠工商学校”在成立后风波迭起，先是在1922年时因学生对于“在该校漫长的学制后只能获取中职文凭”不满进而引发学潮，后校方根据实际情况及来自于有关方面的意见将学校改名为“中法国立工业专门学校”（简称“中法工专”），并在学制及招生规模上进行了缩小。至1927年春，北伐军将要抵达上海，“中法工专”的学生在当时“上海学联”的号召下为欢迎革命军的到来“学潮再起”。

中法国立通惠工商学校

当年3月30日，该校学生代表还专赴位于“枫林桥”的北伐军司令部集体请愿并提出“完全收回中法工专自办，收回租界，取消与列强的不平等条约”等请求，时任北伐军总司令的蒋介石还亲自接见了学生代表。事后虽然学生的“爱国请求”都未能实现，但后来国民政府还是逐步加强了对该校的管理与领导，学校也于1931年再次更名为“中法国立工学院”，并从此进入到一个相对稳定的发展时期直至1937年抗战全面爆发。

1940年6月“中法国立工学院”因抗战的深入及欧洲战场法国被德国击败等客观原因基本停办，但学校财产却在由中法双方协力组建的“中法国立工学院院产保管委员会”的保护下未遭受太大损失。1943年，原“中法国立工学院”的校友们在极其困难的情况下还自发创办了“私立中法高级工业职业学校”（简称“中法高工”），中法国立工学院”的办学实则还在延续。

抗战胜利后，原在重庆办学的“国立高级机器职业学校”迁至上海，并与“中法高工”合并成为“国立上海高级机械职业学校”（简称“国立高机”），该校于1949年后又数度易名，并成为当时在上海中专领域内享有一定声誉的上海机器制造学校（上海理工大学的前身之一）。据附近的老住户讲，以前在家中还可以听到校内传来的自鸣钟钟声。

该址现为上海理工大学复兴中路校区，该校的中英国际学院成为这里新的主人……

第6章 杂说

近代上海史是一部在特殊环境下造就的『多元化历史』，其中，有着四大百货、荣氏兄弟的商海传奇，也有着徐志摩、张爱玲的风花雪月，亦有着黄楚九、邬达克的年少励志，更有着爱国者、革命人的豪情万丈，不同领域的传奇往事拼接成为令人既熟悉又陌生的『近代上海』，『近代上海』的历史因这些传奇而变得更加精彩。

30. 海上第一名园“张园”

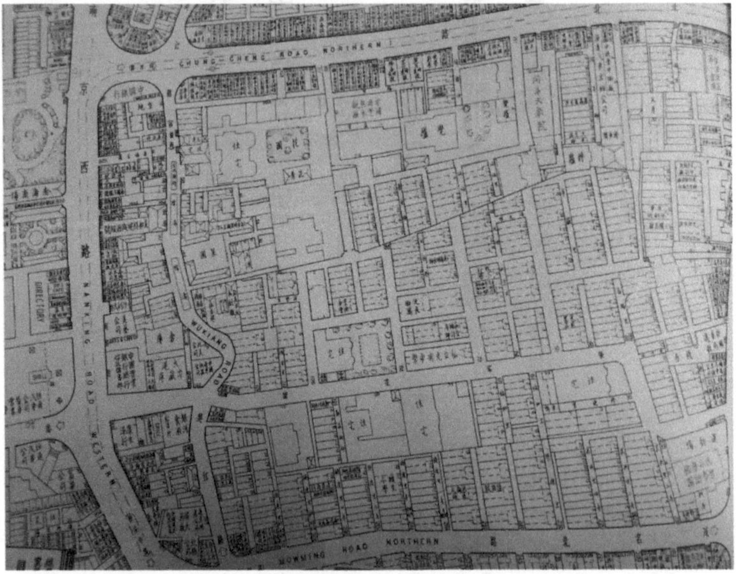

“张园”区域图

建筑地址： 威海路590弄及周边（从南京西路、吴江路、泰兴路也可进入）（交通：地铁2号线/12号线/13号线“南京西路”站下，步行约5分钟）

建筑历史及相关掌故： 张园，是清末上海最大的市民公共活动场所之一，曾被誉为“海上第一名园”，鼎盛时的范围大致相当于现在茂名北路以东、石门一路以西、威海路以北、南京西路、吴江路以南。大约以1919年为界，张园的历史可分为“前后张园”两个时期。

张园及其周边地区的兴起主要源于静安寺路的辟筑。1862年，英租界为应对太平军进攻上海而“越界筑路”，开始修筑从泥城浜（现西藏中路）至静安寺的简易马路。因静安寺以“天下第六泉”而闻名，故而该路被命名为“Bubbling Well Road”，即“涌泉路”，后多称之为“静安寺路”。英租界当局修筑该路为其后来1899年的扩张埋下伏笔，同时在客观上也带动了当时上海中西部地区的发展。静安寺路于1945年改名为“南京西路”至今。

在建设张园前，这一带曾为英商和记洋行经理格农（Grone）的“花圃”，初占地约20余亩。1872—1878年，英商和记洋行经理格农向当地住户租得土地以建造私家住宅。因格农曾从事园圃生意，其种植产品曾大量提供给租界内外商做各类绿化装饰使用，故其在建造自家住宅时也是别具匠心：除自住花园洋房外，整片区域中还建有池塘、假山并种植各式植物。1879年，该花园在被英商丰泰洋行㊀短暂租用后（丰泰洋行租用期间又新添租土地两块），于1881年又复归因英商和记洋行租用。也就在同时期，“The Country Club”（英国乡村总会，也称斜桥总会）于1879年左右在“格农花园”的附近成立，地址大约是在现南京西路上海电视台处，至此静安寺路周边的发展初露端倪。

因英美租界（公共租界）在1899年之前的西界为泥城浜（相当于现在西藏中路），此地尚在租界以外，所以侨民在租界外理论上是不能拥有地产的，故而上海道曾三令五申，要求格农关闭“花圃”。

张园主人张鸿禄

1882年，格农的种植园被无锡人张鸿禄（字叔和）购入，原本想给其母亲颐养天年，但其母不幸在儿子购入园子后不久去世，于是张鸿禄将园子重新布置后于1885年向社会开放，新园取名“味莼园”，由海上闻人袁祖志题写，名字取自西晋张翰“莼鲈之思”的典故。又因园主姓张，故而也被称为“张家花园”。

张鸿禄在之后的数年间又陆续购入园西约40亩土地，“味莼园”的规模进一步扩大。张鸿禄（1850—1919），字叔和，出生

㊀ 丰泰洋行是爱迪生公司系列产品在上海的代理商，是上海最早引进蜡筒式留声机的机构。19世纪80年代初，电灯传入上海，1886年10月6日，丰泰洋行曾在张园组织灯会。

于江苏无锡，17岁时来到上海开始涉足实业与地产业并逐步积累起了一定资本，后靠捐资得官，与李鸿章等洋务派大臣关系甚密。1880年，他以广东候补道身份到轮船招商局帮办事务。1881年，经徐润、唐廷枢等举荐，张鸿禄被正式委任为轮船招商局帮办。从1882年到1885年，张鸿禄是轮船招商局四位主要负责人之一，另外三位为唐廷枢、徐润和郑观应。“味莼园”即是张鸿禄在进入轮船招商局后不久，从英商和记洋行处购置下的产业。不仅如此，张鸿禄还在晚清的外交舞台上颇有建树。据上海市静安区文物史料馆编写的《海上第一名园——张园》一书中介绍，约1880年左右，他曾受李鸿章等人的委托出访吕宋（现菲律宾）、越南、泰国、新加坡、尼泊尔等地，为轮船招商局寻觅具有实力的股东并取得了丰硕的成果。由此可见张鸿禄可不是一般的商人，这种亦官亦商的身份是他在晚清迅速坐拥庞大产业的“重要秘诀”之一。此外，张鸿禄还致力于实业的投资，在《新闻报》、华盛纺织厂、振新纱厂中都拥有股份。荣宗敬、荣德生兄弟是我国著名的民族实业家，后以“面粉大王”和“棉纱大王”而著称，二者与张鸿禄同为无锡人，张鸿禄作为荣氏兄弟的同乡在他们来沪创业初期曾给予过至关重要的帮助。据朱龙湛《荣氏兄弟和申新一厂》一文中所介绍，周家桥地区（约现古北路以东、中山西路以西、玉屏南路以北、苏州河以南）申新一厂与申新八厂（后合并为“上棉”第二十一厂）是荣氏兄弟当年在沪的知名产业之一，张鸿禄曾在申新一厂厂址的选定和机器设备的选购过程中，提供过无法替代的帮助。申新一厂总投资30万元，荣氏兄弟占股55%，张鸿禄占股25%，其余20余人占股20%。1914年“一战”爆发，洋商纱厂受到严重冲击，荣氏的申新纱厂迅速崛起，张鸿禄在此间还是功不可没的。除此之外，现陕西北路荣氏老宅也是张鸿禄为荣宗敬寻觅后购置入住的。

1885年，张鸿禄与徐润因招商局亏空问题同被革职；1894年，张鸿禄又遭两江总督刘坤一弹劾。据史学家邓之诚编著的《骨董琐记》记载：“光绪二十年（1894年）十月五日，上谕：刘坤一奏前办招商局、广东候补道张鸿禄因亏空局款，被参革职开复，仍在上海起造花园，聚集游人……有玷官箴。张鸿禄着即革职，勒令回籍，不准逗留上海，以警官邪。”关于被刘坤一弹劾后的张鸿禄说法有二：①张并未返回原籍，而是继续经营张园直到20世纪初（约1903年），后转让给侨民经营。约1909年前后，张鸿禄又收回对于张园的经营权。②张鸿禄不敢怠慢，不久后即将张园的经营权转让给了一家侨民名下的公司继续经营，自己则回无锡老家避风头去了，但对于张园的关注却丝毫未曾松懈。

总体上来说，晚清最后的二十余年是张园的黄金时代。在张鸿禄和外商的先后经营下，张园成为当时上海最负盛名的游乐休闲场所，弹子房、影戏（电影）、髦儿戏（由青少年女艺人演出）、放焰火、照相馆、游船、茶馆、饭店、滩簧（地方曲艺）等各类娱乐休闲项目应有尽有，其形态已与如今集娱乐、休闲、购物、演出、餐饮等于一体的娱乐购物中心十分接近了。

有两项曾在张园内出现的娱乐设施需要做一下重点介绍。一项类似于现在的“激流勇进”，据孙宝瑄的《忘山庐日记》记载：“光绪二十九年（1903年），西人于园中筑高台临池，上下以车，车作A形，轮行铁路，用机关运动。人出小银圆二枚，则许乘车。登台，即坐小舟自台上推下，投入池中。舟颠荡者甚危险，其实无妨。”按照文字描述，此物形态已与后来的“激流勇进”游艺设施十分相似了。

还有一项类似于现在的过山车，其在张园中运营前，还曾在虹口的“昆山花园”（现昆山路、塘沽路、乍浦路一带）及“三角地”（现虹口塘沽路、峨眉路、汉阳路三路交叉的三角形地域，后此处以

张园中的“激流勇进”设施

“三角地菜场”而闻名）一带出现过，名曰“飞龙岛自行车”。据陈伯熙所编著的《上海轶事大观》中描述：“今大世界设机器跑马、飞船轮车等戏，施以电力始克运转，抑知三十年前沪上早有不借电机纯恃重力之飞龙岛乎？岛为某外人所设，在虹口昆山花园，是地本为广场，围可数亩，植高低不等之木架，嵯峨突兀，敷二铁线于架如火车轨道然，曲折参差，望之若无数培蝼蜿蜒所结合之岛。别有车可容一人，车之轮为牝，与岛之牡轨相衔。游者入车座，机一发绝尘而驰，自巅及麓，初若建坐下，既复腾跃而上，忽升忽降，如陵峻岭，如履危坡，循环不已，如是数周匝乃止，盖借重心来复之力也。后撤岛改设杆线，略如绳伎走索状，高且倍之，移机轮于车顶，即以杆线贯其轴于空中，驰骤往还，胆怯者为之色变，游资自二角贬至五分。”其形态大概为现“过山车”之雏形。张园的游乐设施以现在的眼光来看，也是毫不落伍的。

张园——“过山车”

张园主建筑（安垲第）

说到张园，不能不提“安垲第”。这幢约竣工于1893年的洋房曾是张园中的主体建筑，此楼由“有恒洋行”的英国工程师景斯美、庵景生两人设计，由浙西名匠何祖安承建，前后建造历时一年。“安垲第”英文名“Arcadia[㊀] Hall”，意为“世外桃源”，中文名同样来自于上文中所提到的那位袁祖志。“安垲第”分为上下两层，在二楼西北部设有一座开放式的望楼，可一览园中美景，其建成后立刻成为张园许多大型活动和聚会的举办地，曾闻名遐迩、风光一时；再加之其园内“海天胜处”“烟波小筑”等景观的陪衬，张园在之后的几年中达到了辉煌的巅峰。

张园也曾见证中国近代史上许多重要事件的发生。1897年的

㊀ Arcadia原为古希腊一地名，位于伯罗奔尼撒半岛中部山区，与世隔绝，人们在此安居乐业，在后来很多的文学作品中被描绘成世外桃源。

“裙钗大会”开女权风气之先；1901和1903年的两次“拒俄集会”扬中华儿女之志；1915年反对“中日二十一条”的“国民大会”，发出了国人救亡图存的嘹亮呐喊；1912年和1916年，孙中山先生的两次演讲承载着振兴华夏的百年宏愿……“禁烟运动”曾在张园开展，“剪辫大会”也在张园发起。这里曾代表着对于“秋瑾、宋教仁”等革命先驱的无限缅怀，也曾抒写下“霍元甲威震外国武师”的海上传奇，“万国赛珍斗宝大会”在“争奇斗艳”的同时也赈济了当时江淮地区的灾民，“南洋劝业会上海出品协赞会”在“博览万象”的期间也奠定了近现代中国工业博览会的雏形…… 时光回到 1896年，一位年逾古稀的老人拖着老朽之躯在短暂逗留张园后远赴重洋，开启了他代表大清国访问欧美的行程，有人谩骂他是卖国贼，有人指责他是刽子手，也有人嘲笑他一身痞子气，更有人讥讽他洋务一场空……是非功过，“洋务”大半生的“纸糊匠”李鸿章自有后人评说。

这就是张园，文人墨客、社会名流、富商大贾、风云人物竞相汇聚于此，可以毫不夸张地讲：“张园的历史就是清末民初时代的一个缩影。”

“后张园时代”的石库门（一）
（摄于2017.2.11）

“后张园时代”的石库门（二）
（摄于2017.2.11）

进入20世纪10年代后，随着诸如新世界、大世界等新兴娱乐场所的兴起，张园逐步走向没落，加之此时张鸿禄又遭遇投资失败，不得以只能将园子抵押银行还债，后被分割出售[一]，张鸿禄本人也于1919年离开了人世。至此，“前张园时代”终结，“后张园时代”开启。

“后张园时代”随着土地的分

㊀ 据说当时的财政部长王克敏在购入原张园大片土地后，再分割出售。

割继而建造起大片各式建筑，这些建筑样式以石库门为主，并点缀有各式花园洋房。

“后张园时代”的石库门建筑样式多样，有“海上石库门博物馆”之称。石库门作为具有近代上海特色的民居建筑，它的历史主要从19世纪中叶开始。1853—1855年小刀会起义和1860—1862年太平军东征时，大批难民为躲避战乱涌入上海，租界“华洋分居”的局面被彻底打破。为安置难民，租界内首先出现了以大量简易木板搭建的联排房屋。约1870年前后，这种简易木板房屋因易引发火灾等不安全原因被租界当局全面取缔，取而代之的是早期石库门建筑。早期石库门里弄在布局上依旧采取联排式布局，单元平面则借鉴中国传统三合院或四合院样式，且受到江南民居的影响，住宅以三开间两厢房（进门左右两侧都有厢房，如（1876年竣工的河南中路531~541弄吉祥里）居多，也存在五开间四合院样式㊀，楼高两层，外立面特征为每户均安有条石门框，内装有乌漆厚木大门，山墙则以马头墙与观音兜居多。

早期石库门里弄——河南中路吉祥里（摄于2017.2.11）

厦门路洪德里（摄于2017.2.11）

值得关注的是，早期石库门的门头还未出现后来在石库门中较为普遍的绚丽装饰（如巴洛克

㊀ 如原位于河南中路以东、北京东路以南、宁波路以北的兴仁里，建造于1872年，内有三开间两厢房和五开间四合院样式的合计24幢两层楼房组成，该片里弄于20世纪80年代已被拆除。

装饰），门框也通常形式简单。另外，在这一时期的石库门中，也存在两开间一厢房的样式（即进门后只有一侧设有厢房），如厦门路137弄洪德里，约建造于光绪二十三年（1897年）（也有说法为1907年建造），弄内就建有较多两开间一厢房的石库门，在建筑风格上中国传统元素浓郁，大门左右上方的“雀替”是主要看点。

上述早期石库门样式从19世纪70年代起一直延续到20世纪初。1910年后建造的石库门样式较之前开始有所改变，住宅从过去

大门左右上方的雀替（摄于2018.2.17）

双开间一厢房石库门样式（摄于2018.3.10）

单开间（无厢房）石库门样式（摄于2018.3.10）

绚丽装饰（一）（摄于2017.2.11）

绚丽装饰（二）（摄于2017.2.11）

的以三开间两厢房为主，开始转变为两开间一厢房及单开间（无厢房），马头墙等传统装饰逐步消失，里弄规模较以前有所扩大。

西方建筑元素的门楣（一）
（摄于2017.2.11）

石库门门框开始用斩假石等人工材料取代过去的传统石料，清水砖墙越来越多地被用作墙面的主基调，门楣也被注入了更多的西方建筑元素，如在西方建筑中经常看到的三角形、半圆形、弧形、长方形的各类花饰被大量运用到门楣的装饰上。

20世纪20年代后，石库门在原有形态上又有所改变，传统两层开始变为三层，部分石库门开始建有卫生设施；为行车方便，弄堂宽度有所增加。“后张园时代”的石库门主要以1910年后的样式为主，主要特色有山墙、过街楼、百叶窗、门头、门楣、阳台等。张园石库门的“门头”是不可错过的重要看点，除了在门楣上能够观赏到

西方建筑元素的门楣（二）
（摄于2017.2.11）

张园石库门（门头：人杰地灵）
（摄于2017.2.11）

西式雕花（摄于2017.2.19）

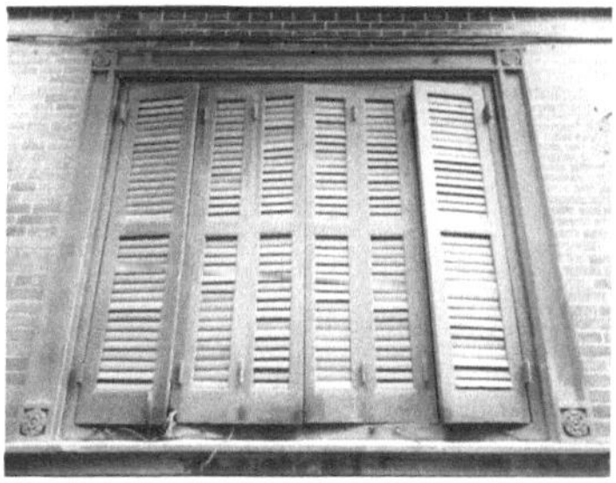

百叶窗（摄于2017.2.11）

弄堂风景（一）（摄于2017.2.11）

弄堂风景（二）（摄于2018.1.6）

各类精美的西式花纹外，还有不少门头上仍保留有当年留下的书法匾额，如“紫气东来”“人杰地灵”“福履绥之”“东吴世泽”等，体现当时住户对于美好生活的憧憬。

石库门在建成后，用途主要分为“出租”和“自用”两种。用于“出租”的石库门大多为联排样式，主要为开发商的“谋利”而服务，如遇上开发商在建造石库门时采用“租地造屋”㊀的形式，则部分开发商出于自身利益，会考虑选择重收益而轻质量的经营方式，这类石库门的实际使用年限一般至多

㊀ 开发商租用他人土地建造房屋，约定等租期一到，开发商就需要将土地连同建在土地上的房屋一同还给原土地业主。

也就三四十年，后期为确保里面住户的生活环境，需要及时地进行修缮维护。

“后张园时代”的石库门有部分为当时住户“自用”，具体表现形式为“独栋”。这类石库门住户出于自住考虑，一般在建造工艺与建筑质量上相较“联排石库门”相比要高出许多，从历史人文建筑的角度来看也更具有传承价值，但在如今上海各历史风貌保护区普遍受到关注的大环境下，对于“联排石库门”的保护也是不容忽视的，许多“名人名事”就是诞生在这些“联排石库门”中。

在“后张园”的许多建筑角落处都能看到注有“B.C.LOT”的“界碑石”，这是当年“张园地产”分割的最好见证，“B.C.”是“英国领事馆”（British Consulate，道契中也会写成British Consular）的英文缩写，“LOT”可解释为“分地”或“地块”之意，“B.C.LOT”就是经英国领事馆注册登记的地块，而刻在石头上的阿拉伯数字则是这块土地在租界地籍图上的编号，部分石碑上还刻有中文或英文的租地机构或租地人名称。“B.C”的界碑在上海最为常见，另因其他领事馆所参与发放的地契所产生的界碑在上海偶尔也能看到，如美国领事馆（U.S.C）、法国领事馆（F.C）、

界碑石（摄于2018.1.6）

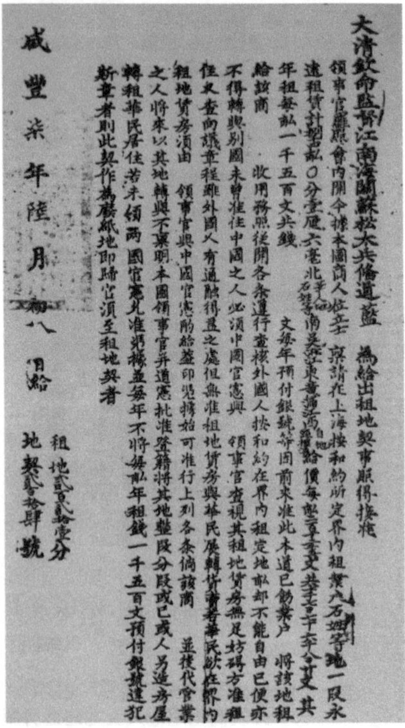
大清欽命監督江南海關蘇松太兵備道藍　為給出租地契事照得接准
領事官[illegible]照會內開今據本國商人[illegible]稟請在上海按和約所定界內租[illegible]地一段永
遠租賃計[illegible]畝〇分壹厘六毫[illegible]給價每畝[illegible]文共[illegible]文　其
年租每畝一千五百文共錢　文每年預付銀號第因前來准此本道已飭業戶　將該地租
給該商　收用務照從開各條遵行查核外國人按和約在界內租定地畝卻不能自由已便亦
不得轉與別國未曾准住中國之人必須中國官憲與　領事官查視其租地貨房無足妨礙方准租
住又查向議章程雖外國人有通融得盡之處但無准租地貨房與華民[illegible]者華民欲在界內
租地貨房須由　領事官與中國官憲酌給蓋印照憑始可准行上列各條倘該商　並提代管業
之人將來以其地轉與不稟明本國領事官并道憲批准登籍將其地盤段分段或已或人另造房屋
轉租華民居住若未領兩國官憲允准照據並每年不將每畝年租錢一千五百文預付銀號違犯
斯章者則此契作為廢紙地即歸官須至租地契者
咸豐柒年陸月初八日給
租地[illegible]分
地契[illegible]拾肆號

道契

日本领事馆（J.C）等。

在租界内申请土地需要经过“道契”这道关，“道契”是外商在租界内拥有（永租）土地的凭证。在这之前，上海及江南地区的土地凭证一般形式表现为“在甲、乙双方加上中人的签约后，契约随即生效”。这种土地凭证的缺陷在于没有政府相关职能部门的公证与承认，如甲乙双方中有一人死亡后，这种凭证的法律效应就会相对减退许多。为规避上述这类签约所带来的弊端，后来有部分此类的签约在“甲乙双方加上中人的签约”后，另会提交当地土地主管部门再行登记并加盖当地政府印章，以示永久的法律效应。“道契”的形式类似于后者，并且在流程执行上更为规范严谨，大致形式为：外商在租界内“永租”到土地之后先向领事馆注册，后由领事馆人员再到代表中国政府的“上海道”（正式名称为分巡苏松太常等地兵备道）进行备案，之后再由领事馆与上海道派人对于土地进行核实丈量，确定“永租”土地的实际面积、坐落位置、东南西北四界并在契单上详细注明，再加盖上海道印章，由此“地契”生效。因其与上海道有关，故而被俗称为“道契”。“道契”一般一式三份，一份由上海道保存，另外两份交予领事馆进行编号后，一份由领事馆存档，另一份交予租地外商保管。

“道契”作为外商永租土地的凭证，在理论上华人是无法申请获取的。为取得与外商在“拥有土地”上同等的权利，“道契挂号”行业逐步在当时沪上地产领域风靡起来。“道契挂号”的大体形式为，“先以外商的名义出面申请注册并领取道契后，再过户给华人；华人业主会收到外商开具的一张权柄单，外商再从中收取的一定的费用，由此华人业主开始实际拥有对于申请道契所涉及土地的掌控”。一块地产在获取“道契”后，价值就会提升，可向银行做抵押贷款。上海历史上以此发家的“地产大

威海路590弄41号（摄于2017.2.11）

威海路590弄77号（摄于2017.2.11）

鳄”极多，像程谨轩、周湘云、陶如增、贝润生等家族发迹的背后，都有着“道契挂号”的经历。但“道契挂号”毕竟属于“私人行为”，理论上来讲是不合规的，故而后来还开办过少量“华商道契”的办理。诸如“道契”类“土地契证”的签发一直要延续到1927年。1912年进入民国后，北洋政府时期特派江苏通商交涉使、沪海道尹等官员也扮演着签发此类土地契证的角色。

“后张园”的历史同样也是毫不逊色的，这里介绍几栋“后张园”中的名人名宅。

威海路590弄77号中西合璧风格（摄于2017.9.29）

威海路590弄41号（1932年建造）和77号（1921年建造）花园住宅，均为中西合璧风格建筑。原主人据说为王宪臣、王俊臣兄弟。

在吴培初《旧上海外商银行买办》一文中对王氏兄弟有详细介绍，笔者归纳如下：王宪臣曾先后担任新沙逊洋行、麦加利银行等机构的买办，与金融买办世家的席启荪一同开办过钱庄。王宪臣的父亲王汉槎曾与沈吉成是合伙人（沈吉成是汇丰银行买办席正甫同父异母的弟弟，曾名席素恒，后过继给舅舅沈二园并改名为沈吉成），后两家成为儿女亲家，王宪臣成为沈吉成的女婿，王宪臣的姐姐又嫁给了席正甫的儿子席裕昆，这种“强强联手”的“联姻”在客观上也为王家的“发达”奠定了良好的基础。20世纪30年代中期，王宪臣在与席启荪一起开设荣康钱庄大作投机时失败，几乎倾家荡产，位于张家花园内的新建不久的住宅也赔了进去。不久后抗战全面爆发，多户人

威海路590弄106支弄2号（一）（摄于2018.2.11）

威海路590弄106支弄2号（二）（摄于2018.1.6）

斜桥弄巨厦（摄于2015.8.1）

家先后入住此宅，房子由“独门独户”变为“一门多户”。

王俊臣曾先在汇丰银行任职，后担任花旗银行买办，是最早提出使用租界道契向银行做抵押贷款的首创者之一。据王俊臣的孙女王美英回忆，1937年抗战全面爆发后，王俊臣在闸北华界的产业因战争遭遇重创，此后王俊臣一直郁郁寡欢，直至1944年其去世。王俊臣去世后不久，其家族成员陆续搬出张家花园老宅。

威海路590弄106支弄2号的花园住宅带有巴洛克风格特征，内部还有绘有航海图案的彩色玻璃和精美的木制楼梯，原为

“斜桥弄巨厦”内的螺旋形楼梯（摄于2015.8.1）

“斜桥弄巨厦”内的楼梯护栏纹饰（摄于2015.8.1）

中联轮船公司大股东周庆云的住所。该公司经营下的“太平轮”于1949年发生海难，之后这栋住宅门前曾经挤满了前来索要赔付的遇难人员家属。周庆云作为为数不多留下处理事故后事的公司股东，还为此“一贫如洗”。

石门一路315弄6号“斜桥弄巨厦”（现公惠医院），带有西班牙风格，1931—1932年建造，原主人身份不明，但这栋豪宅的设计者是邬达克。

同前文中已提到的由邬达克设计的何东别墅、爱神花园等作品一样，邬达克在为这位神秘业主设计这栋豪宅时也选用了宽敞大气的螺旋形楼梯，并在楼梯护栏上修饰以精美且带有家族“LOGO”式样的纹饰。正如爱神花园楼梯护栏上的“KSL”标示对应着主人刘吉生的英文名字，我们或许也能从这个角度去解开“斜桥弄巨厦”昔日主人的身份。

威海路590弄72支弄1号，现“张园大客堂”（社区居民活动场所），石库门住宅，“私立光明小学”和“树群义务夜中学”曾在此办学。“树群义务夜中学”由爱国进步青年程迪和发起创办，其办学宗旨为“为群树人，唤起民众”。1942—1946年间，该校借张园“私立光明小学”校舍办学，坚持义务教育，学生在此学习文化知识，接受革命的启蒙教育。学校共培养学生300余名，在中共上海地下党的领导下积极开展工作，为中国的革命事业做出了不可磨灭的贡献。

威海路590弄56支弄内的华严里以石库门住宅为主。在“静安区文物史料馆”编写的《海上第一名园—张园》一书中对于华严里的

张园（威海路590弄72支弄1号）（摄于2018.1.6）

华严里（摄于2017.11.24）

历史曾有居民口述记录：2009年4月13日，静安区文史馆工作人员在泰兴居委会的推荐下，拜访了居住在张家花园华严里14号的陈煜仪先生。陈先生于1938—1939年随父母住进华严里14号。建造华严里的业主是同盟会元老、原国民政府交通部部长、大夏大学校长王伯群的弟弟。当时正值张氏味莼园土地被分割出售，于是他就购下该地建造华严里。里弄约建造于1926—1928年，共建有3排房屋，建成后业主将14号和16号两幢赠予王伯群，自己则居住在36号。这三幢房屋底楼均自带大卫生间，有英式铸铁大浴缸，陶瓷抽水马桶，地坪以“马赛克”锦砖，房间内的电线均由暗线接入埋入墙内。

1937年“淞沪抗战”后，前来租界内避难的难民日渐增多，在这段时期，华严里还曾活跃过一支由居民自发组织的排球队。这支排球队在初创时人数相对较少，只有弄内4号、6号、10号的几位年轻人参加，其中4号翁瑞午（光绪帝老师翁同龢门生、广西梧州知府翁绶祺之子，擅长书画、戏曲、中医等）家的几个孩子特别活跃、球技也好，是排球队中的主力队员。这支排球队在华严里中一直坚持了四年，直到1941年“太平洋战争”后日军进入苏州河以南租界。陈行

威海路590弄福如里（一）（摄于2018.2.11）

威海路590弄福如里（二）（摄于2018.2.11）

威海路590弄89号（摄于2017.9.17）

祥先生是1947年搬入华严里36号居住的，他回忆当时106弄的5号与7号时称“徐家花园”，原主人徐蒲荪是上海同丰永金铺和恒孚银楼的老板，号称上海滩的“金子大王”。徐蒲荪酷爱兰花，当时“徐家花园”内的兰圃曾远近闻名。在谢晋导演拍摄的电影《女篮五号》中，安放于男女主角书屋中的两盆兰花“宋梅”和“西神”就是由“徐家花园兰圃”提供的。

威海路590弄福如里4号和6号石库门住宅分别为吴眉孙和邓秋枚旧居。

据《静安区建筑典故集锦》一书中介绍，威海路590弄89号花园住宅原是商人吴仕勤的“勤庐”，后曾作为是“半导体器件厂”，现开发为“张园99”商业娱乐场所。

张园作为一处有极具历史人文底蕴的场所，近些年来得到了较好的维护与开发，至今仍有房屋100余幢，建筑面积35000余平方米，是上海最为知名的石库门建筑群之一，众多影视剧曾来到张园取景，比如，谢晋导演的《女篮五号》、电视剧《围城》、潘虹主演的电影《股疯》、电视剧《走过冬天的女人》、电视剧《孽债》、陈逸飞执导的电影《人约黄昏》等，

兴业路76号（摄于2018.2.2）

约有100多部影视剧都曾在张园进行拍摄。

“张园”的故事仍在继续，“张园”的故事也依旧精彩，它所承载的不仅是厚重的历史，更有几代人对于上海浓浓的回忆和乡愁。城市的高度在不断地被刷新，但城市的深度也不能因此而被填平，期待“张园”能在新一轮的维护和合理开发后，再次焕发出夺目的绚丽光彩。

兴业路76号（摄于2018.2.2）

老成都北路7弄30号（摄于2017.11.19）

老成都北路7弄30号（摄于2017.11.19）

渔阳里（一）
（摄于2017.11.19）

茂名北路120弄7号（一）（摄于2018.1.6）

渔阳里（二）（摄于2017.11.19）

茂名北路120弄7号（二）（摄于2018.1.6）

31. 南京路“四大百货公司”

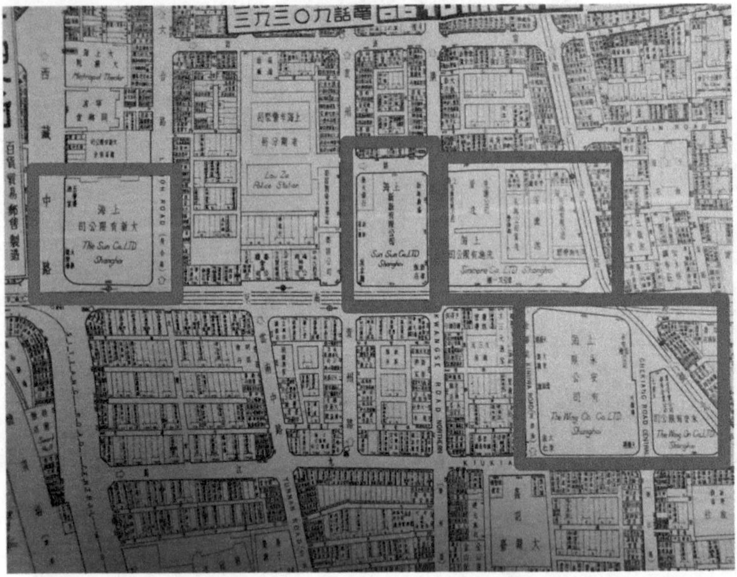

南京路四大百货公司分布图

建筑地址：先施大楼：南京东路648~700号；永安大楼/永安新楼：南京东路627~635号；新新大楼：南京东路720号；大新大楼：南京东路830号（交通：地铁1号线/2号线/8号线“人民广场”站下，步行约5分钟到达）

建筑历史及相关掌故：南京路约得名于1862—1865年（之前也被称为“花园弄”或“派克弄”），一方面主要是租界当局为纪念1842年中英签订的《南京条约》，另外也是按照当时英租界㊀对于道路命名规定㊁执行

㊀ 1848—1899年范围是，北到苏州河、南至洋泾浜（现延安东路）、西临泥城浜（现西藏中路）。

㊁ 南北走向的道路一般以中国的省名来命名，东西走向的道路一般以中国的城市名来命名，而广东路“是东西走向但用省名”是比较典型的例外。

南京路步行街（摄于2017.11.24）

的结果。

南京路的百货业主要以“四大百货公司”闻名，如果再精确、详细一点来说，南京路的“四大公司”可分为“洋商四大公司”和“华商四大公司”两个阶段。“洋商四大公司”分别为“福利”“汇司”“泰兴”“惠罗”，他们从19世纪中叶至20世纪初先后在南京路陆续登场，开启了百货业登陆上海的先河。笔者在此需要说明两点：①“洋商四大公司”所面对的主要客户阶层都是西方侨民，一直要到20世纪20年代以后，以“惠罗”为代表的“洋商百货”开始意识到华人的消费能力也不容忽略时，他们才开始将“触角”深入到华人中的中上阶层；②当时受地域发展等多方面因素的影响（1848年前英租界的西界位于现河南中路，故而从外滩至现河南中路一段的南京路是最先被发展起来的），这些“洋商百货”多开办于现南京东路、四川中路近外滩一线及周边，因此“洋商四大公司”对于华人而言影响不大。接下来我们要重点介绍的“华商四大公司”才最贴近大众对于南京路的固有印象。

“华商四大公司”集中于南京路从浙江路至西藏路段，在晚清时这个路段曾以“茶楼遍布”而闻名，像“先施”“永安”两大公司的原址原来就是“易安居”和“陶陶居”茶楼。20世纪10年代后，随着西藏路“跑马厅”（大致为现“人民广场”和“人民公园”地块）和“新世界”等娱乐场所人气的提升、“一战爆发”对于西方列强的冲击以及南京路近外滩段地价飙升等诸多因素的影响，原河南路以东南京路段的商业功能逐步向西转移；加之1912年南京临时政府对于华侨资本开出多项优惠政策及租界内华人中高端消费阶层的逐

先施公司大楼（摄于2017.11.24）

步壮大，原本在香港、广州等地百货业已大获成功的“先施”“永安”“大新”三大百货巨头（新新为后来先施高管刘锡基因股东内部矛盾离开后创办）开始陆续进驻沪上南京路，他们期待着在上海能闯出一片更大的天地。

由马应彪创办的先施㊀公司

㊀ “先施”名字源自世界上最早的百货公司“玻马舍”的经营信条“Sincere”的谐音，当然也有后来马应彪解释的“取自儒学经典”一说。

先施公司大楼骑楼（摄于2016.10.2）

于1917年首先进驻南京路浙江路口，“先施大楼”由德和洋行设计，是新古典主义结合巴洛克风格的建筑。“摩星塔”是该大楼的标志之一。

底层沿街设有骑楼式外廊[一]，券洞与马路相通。大楼采用“租地造屋”的方式建造（先施大楼在建造时其土地为德和洋行老板雷士德“永租”，按规定，租期一到就需要将土地包括建造在土地上的建筑物一同归还给原土地所有人。因当时在租界内“永租”土地是洋人的特权，故而当时“租地造屋”的情况在华人中较为普遍。到后来，少部分富裕起来的华人通过外商“道契挂号”来实现自身实际对于土地所有权的情况也时有发生。）“先施”作为首家进入上海的华商百货公司，在其董事兼正司理黄焕南的经营下，将许多优质的经营模式和管理理念带入了上海，如不二价（有助于避免传统交易中的“讨价还价”）、开具发票（有利于提升公司信誉，为客户进行合理退货提供凭证）、员工周休、女性服务员等，均是走在当时沪上华资实业界前列的，为后来沪上百货业的兴盛开了很好的先河。另外，“先施”不满足于将大楼的使用只局限于“百货贸易”，他们还奉行“鸡蛋不放在同一篮子”的经营理念，在百货大楼内采用“多种经营”的模式（如先施旗下有东亚旅社、浴德浴池、先施乐园等），集百货、娱乐、餐饮、悠闲等功能于一身，为后来自身及其他百货公司的发展奠定了良好的基础并树立了优质的榜样。

就在“先施”进驻南京路的第二年（1918年），由郭氏兄弟创办的“永安公司”也“开进了”南京路，并与“先施公司”隔路相望。永安也同样采取“租地造屋”的方式，在当时塞法迪犹太地产大鳄哈同“永租”的土地上建造大

[一] 骑楼在我国福建、广东等沿海侨乡比较多见，将骑楼元素融入建筑中在一定层面上可能与“四大公司”的广东籍老板们对于骑楼的独特偏好有关。

永安公司大楼（摄于2017.11.24）

楼，大楼由当时闻名沪上的公和洋行设计，建筑风格与“先施大楼”相似，“绮云阁”是该大楼的标志之一。

与“先施”相比，笔者认为永安的特点更体现在“周全”二字上。比如，“先施”在南京路开办初期，按照广东人的习惯进门先设“茶室”，后面才是百货柜台；而“永安”在这一点上更加因地制宜，进门即是百货柜台，贴合更多上海客户的喜好。又如，“永安”内还开设有“大东跳舞场”（沪上最早的跳舞场之一）、永安跑冰场、天韵楼游乐场等，在“先施”原有的基础上更进一步[㊀]。老上海曾有“三东一品”的说法，分别是指东亚、大东、远东、一品香四家旅社，先施和永安从中占具半壁江山，由此亦可见百货业的大鳄们在其他领域同样也做得有声有色。

“永安”的“周全”也同样体现在其对于自身发展前景的“深思熟虑”上。20世纪30年代初，永安郭氏考虑到老永安大楼地块租期

㊀ 起初，“先施”楼顶没有游乐场，在“永安”开设“天韵楼”后才依样开设“先施乐园”。

永安公司新大楼（摄于2017.1.13）

永安公司新老大楼（中有天桥连接）（摄于2018.1.12）

一到一定会遇上哈同或其家族成员上门索要归还永安大楼土地的相关事宜，于是果断出手，购置下永安大楼旁“老天蟾舞台”地块并委托哈沙德洋行为设计方，于1932—1933年在此建造起20余层的美国现代摩天楼式的“永安新楼”，并以天桥将新旧两楼之间相连，“永安”自此在全盘战略上有了坚实的后盾。现在上了一些年纪的上海人喜欢把这幢楼称为“七重天”。1946年经过谈判，永安二代掌门人郭琳爽又从哈同养子（乔治·哈同）手中以112.5万美元的高价购下永安老楼地块产权，“永安”至此“志得意满”。除此之外，“永安”还积极进军当时沪上炙手可热的纺织领域，同为第二代的郭棣活是永安纺织系统的代表人物。

对于曾在那个年代生活过的人来讲，“四大公司”的“上乘服务”无疑是最为大众津津乐道的，其中又以“永安的服务”最佳。“永安”十分注重员工的服务理念，在服务态度上强调“笑脸迎客”、在待人接物上坚持“平等待人”。说来很难相信，现代服务行业中的那些送货上门、代客叫车、购物回馈券等时髦方式，在当时以“永安”为代表的四大公司中已是“应有尽有”。正如曾经闪烁在永安大楼上的那句“霓虹标语”（Customers are always right）一样，顾客只要进入百货大楼，立刻会有一种“宾至如归”的感觉。

相对于先施和永安这两家在南京路先入为主的华商百货，后来入驻的新新和大新在经营上也是“屡出奇招”。“新新”于1926年时由原先施高管刘锡基在李敏周等人的帮助下创办。新新大楼由鸿达洋行设计，折中主义风格，外观相对简洁，底楼沿街也有骑楼外廊，原楼顶还建有塔楼，大楼地块也为哈同“永租”，曾为“会审公廨”的旧址之一。

“大新”于1936年在蔡昌等人筹办下开办，而蔡昌的兄长蔡兴也曾为先施的股东之一。大新大楼由基泰工程公司设计，带有装饰艺术派风格，大楼原本想建在南京路西藏路南边原周湘云家族“大庆里”的位置，在被拒后又选择这个路口以北原程谨轩家族的地块上建造，具体土地出让由程家二代掌门人程霖生操作。另外也有说法称，大新公司地块原为德和洋行老板雷士德“永租”。

新新公司大楼今景（摄于2017.1.13）

在吸引顾客方面，“新新”的玻璃电台让游客能近距离一览明星风采；而“大新”的“自动扶梯”和“廉价部”在让客户亲身感触到

大新公司大楼（现上海市第一百货）（摄于2017.1.13）

“上上下下的享受”的同时，也让一些中低端消费客户过了一把“在四大公司消费”的瘾[㊀]。

“四大公司”值得称道的地方还有很多，例如在员工福利上，仍以先施与永安为例，为解决部分员工的住宿问题，先施和永安在愚园路上合资建造了亨昌里，永安还独资在北四川路（现多伦路四川北路一带）建造起了永安里，这样企业福利即便放到现在也不常见。另外，从1925年《申报》的一篇有关先施的报道来看，“四大公司”对于自己员工的能力提升和业余生活也应是十分关心的。这篇报道叙述，“待遇工友极厚，设有夜校以教育工人之失学者，并在天通庵路置有广大之体育场、足球队、网球队、篮球队等，皆组织极完善；工友更自组织职员青年会，会内有俱乐部，游息均有定规，故工友均甚乐”。企业对于员工的关爱换来了员工在工作中的敬业，这样的企业怎么会发展不好呢？

另外，“四大公司”在“争取客源”上也是“动足脑筋”的。就拿“大降价”这种促销方式来说，这种看似“歼敌一千、自损八百”的价格消耗战，实则背后也有鲜为人知的奥秘。上文中已经提及过“四大公司”主要还是面向中高端客户的，但平心而论，处在“金字塔中高端”的消费群体毕竟只是少数，难道在面对广大“中低

“四大公司”旧影

㊀ 先施、永安、新新三家主打中高端“舶来品”，主要面向中高端客户群；大新在此基础上，把服务对象进一步扩展到中低端消费人群，因此曾火爆一时，据说大新为此还采取了“限流措施”，入内者需支付“四角钱门票”。

端消费团体”时，“四大公司”就这么随意放弃了？精明的百货业大鳄们显然不会这样做的。这也就是“大降价”的奥秘所在。“大降价”除了可以将一些“过季商品”尽力售出外，还可以激发中低端顾客的消费欲望，在培养出这部分人群的消费习惯后，公司的客户源也就自然而然地扩大了，不得不佩服“四大公司”的高管们在近百年前就有如此的战略眼光和缜密的发展规划。

“八一三”淞沪会战爆发后，上海除苏州河以南租界外，大片地区沦为战场。由于战争所带来的恐慌，“四大公司”的业绩曾一度大幅下滑，其中以“八二三先施坠弹案”的影响最为严重。就在淞沪会战开战十天后的8月23日，有战机投下炸弹落在南京路浙江路口近先施大楼处，祸及先施、永安两大百货公司，酿成了近千人伤亡的惨案。

持续三个月之久的淞沪会战以中国军队在顽强抵抗后撤退而收场，租界从此进入“孤岛”时期，但表面上看似糟糕的局势却在无形间铸就了“四大公司”难得的“发展契机”。对于形成这种“发展局面”的原因，笔者总结有三：①由于租界内安全性相对较高，因此租界外乃至于国内其他地区的资金和有价物资大量流入租界，由此导致租界内“游资充裕”；②大量破产难民的涌入丰富了租界内的廉价劳动力市场；③租界的进出口仍在继续，国内其他省市及东南亚地区大量“进口”着来自于沪上租界的商品。在以上所述的“多重利好”之下，“四大公司”的业绩也应时而起；同时，这些“利好”还惠及着租界内的其他领域（如地产业）。“四大公司”的高管们显然也不会在这些“利好”面前坐享其成。例如，“永安”为进一步提升公司声誉及扩大客户群体，于1939年创立《永安月刊》杂志，全方位、多角度地吸引越来越多的消费群体逐渐成为“永安的忠实追随者”。又如20世纪30年代后期沪上“中上阶层”开始流行“养鱼养鸟”的风尚，“永安”和“新新“为此还专门开设了“花鸟鱼部”和“鱼鸟

永安月刊

部”，进一步拓展着自身在沪上的业务领域。另外，“孤岛时期”的国内、国际局势风云变幻，“四大公司”利用客户希望了解外界的心理，大量售卖各种品牌的收音设备，因此又是盈利颇丰。从专业角度来讲，上述这些都是在“全面抗战”的特殊环境下造成的“畸形繁荣”，这样的繁荣并不值得后世借鉴。

但“好景”不长，1941年“太平洋战争”爆发后日军进入租界，租界内与美英两国有关联的企业受到的冲击尤为重大。仍以“永安”为例，“淞沪会战”中，“永安”为寻求保护曾尝试向美国政府申请企业登记并于两年后的1939年得到批准（永安在美国纽约、旧金山等地开设有公司）。本想就此太平无事，不想1941年美日在太平洋上开战，“永安”在顷刻间又陷入“日方监管”的窘境，企业几乎面临着零收益甚至亏损的境遇。为缓解这一尴尬，永安高层不得不“委曲求全”，他们通过向“汪伪政府”请求登记的方式尽可能地减轻由“日方监管”所带来的损失。相似的情况也同样在沪上其他企业中上演着。除此之外，在“日方”与“汪伪”的双重“管制”下，沪上频现“经济动荡”及“物资紧缺”的状况，再加之这一时期沪上中小型百货公司的增加（有些是为囤积居奇，有些是工厂为拓展销路而设立的门市部），“四大公司”在“多重夹缝”中也不得以地干起了限购、休店、金融投机等“营生”，虽在总体上稳住了各公司在战时的局势，但亦有损失。

抗战胜利后，原本想“重整旗鼓”的“四大公司”没想到国民政府发动的内战“接踵而至”，汹涌袭来的“通货膨胀”使得“四大公司”遭遇重创[一]。约至1948年岁末，沪上绝大多数的百货公司货架上已“空空如也”。在此危急关头，以“大新”为代表的“出走派”选择了“逐步放弃上海公司，将资金转向其他地区”的方式；以“永安”为代表的“留守派”则选择了“坚守上海，用其在其他地区公司的收益来填补上海亏损，以待东山再起”的理念。

时间来到1956年，随着永安公司公私合营的最后完成，“四大公司”基本退出历史舞台，“上海时装公司”（先施）、“第十百货”（永安）、“第一食品商店”（新新）、“第一百货”（大新）等一些新名词陆续取而代之。近年

㊀ “通货膨胀”引发多次市民抢购，“四大公司”收进来的货币在转瞬间币值一落千丈。

来，随着“先施”和“永安”陆续回到了阔别已久的南京路，“四大公司”的传奇又重回广大市民与游客视野，愿“Customers are always right”的服务精神永存！

“先施”“永安”大楼在南京路在已经整整度过了一百年，“摩星塔”与“绮云阁”遥相呼应，共同见证了这座城市百年的历史变迁。曾几何时，有人悲观地预言“上海由于土质松软等原因不可能建造起6层以上的高层建筑”，但后来的一座座庞大建筑证明这位预言者错了。随着新技术的不断涌现以及工匠们的前赴后继，上海的高度犹如一股奔腾涌动的洪流喷涌而出一般，一发而不可收。钢筋混凝土框架结构的出现解决了上海高层建筑主体结构的技术难点，而混凝土筏形基础的运用则解决了上海由于地下土质松软而造成的不均匀沉降这一关键性的基础问题，上海的高度从此有了质的飞跃，国际饭店的传奇更是印证了那个时代上海的骄傲。改革开放后，上海成长的马达又被注入了全新的动力，以浦东、陆家嘴为标志的上海新地标继续书写着上海高度的神话，从金茂大厦到环球金融中心，再到上海中心大厦，上海的高度被一次次地不断刷新，并吸引全世界羡慕的目光。

“先施”与“永安”的“摩星塔”与“绮云阁“（摄于2017.11.24）

32. 白相大世界

大世界（摄于2017.10.20）

建筑地址：西藏南路1号（近延安东路）（交通：地铁8号线“大世界”站下，步行约5分钟到达）

建筑风格与特色：带有古典主义风格，主入口的一座八层塔楼为整座建筑的亮点与标志。底层有名为“中央广场”的露天剧场，剧场周围建有天桥式斜廊连接，通过斜廊可以上到二、三层，游客也可以在外廊上观看露天剧场的演出。

“中央广场”露天剧场（摄于2017.3.18）

天桥式斜廊（摄于2017.3.18）

大世界创办人黄楚九

大世界的标志之一“哈哈镜”（摄于2017.3.18）

建筑历史及相关掌故： “大世界”的创始人黄楚九是浙江余姚人，据说是明末清初思想家黄宗羲的后代。黄楚九早年在医药领域起家，像后来闻名沪上的中法药房、五洲药房等在创办时都能找到这位黄老板主持或参与其中的身影；艾罗补脑汁、百龄机、龙虎人丹等虽说后人对其褒贬不一，但也曾一度作为人们眼中的“灵丹妙药”。可以说，黄楚九在医药领域内初战告捷，并积累起了相当可观的资本。

1912年后，黄楚九在沪上文人孙玉声的建议下开始涉足娱乐业，他的首块“试验田”选在位于浙江路、湖北路、九江路交界处的“新新舞台”。当时，黄楚九等人在“新新舞台”的楼顶开设“楼外楼游乐场”，除了进行诸多传统曲艺表演外，黄老板还别出心裁，通过引进当时在上海滩还属于稀罕物的“电梯”来招揽顾客，后来被誉为大世界标志之一的“哈哈镜”据说也是在“楼外楼”时期引进的，“楼外楼”因此曾“风光一时”。

黄楚九在娱乐业的第二块“试验田”就位于现在南京路西藏路口的“新世界”处，当时的“新世界”也是上海一处著名的游乐场所，由黄楚九和经润三等人联合创办，建筑由“通和洋行”设计，无论在质量和规模上都要比“楼外楼”高出许多。黄老板本想以此再大赚一笔，不成想合作人经润三突然去世，而经润三的夫人汪国贞与黄楚九在暗中矛盾升级，再加上经润三在“新世界”中的股份占了大头，故而黄楚九不得不从“新世界”撤股而再次谋求别处。

时间来到1916年，在黄楚九的坚持不懈下，终于在当时位于法租界边缘地带的爱多亚路和敏体尼荫路路口（爱多亚路以北即是公共租界，此地即现在延安东路西藏南路叉口）寻觅到一块土地。这块土地当时为张静江、张石铭家族所有，在双方协商下，黄楚九以“租地造屋”的形式取得了这块土地的使用权，按约定，租期一到便需要将土地包括建在土地上的房产一同归还给张氏家族。我们现在一提到“大世界”，一般只会联想到黄楚九和再后来的经营者“三大亨”之一的黄金荣，但很少有人知晓名震沪上的“大世界”实则是在当时张家的土地上被建造起来的。

1917年7月14日，“大世界”在经过约一年时间的筹备和建造后正式开业。刚开业时的“大世界”大楼是一座多层砖木结构建筑，由于在之后的几年中黄楚九在经营上不断推陈出新以及票价相对优惠，“大世界”的经营业绩也不断蒸蒸日上，大约至20世纪20年代中叶时，“大世界”原本的规模已不足以担负起庞大的客流了，于是黄楚九出资扩建和改建，大世界自此也就成为后来人们印象中那个拥有着

早期大世界建筑

巨型塔楼的熟悉身影。此外，关于两代“大世界”建筑的设计者也是存在多种说法的，有学者称都为周惠南设计，也有学者称最初样式为周惠南设计，改建时的样式由外国建筑师设计，说法始终不一。

关于“大世界”在当时的成功，笔者归纳主要原因有如下几点：①价格亲民：市民只要花上两角钱就能入内看戏、听曲及“游玩”许多游乐设施，直至晚上夜场结束。拿一份1924年英国人在上海对于纺织工人收入的调查样本来做对比，当时上海纺织工人日平均工资在3~4角之间，由此可见即便是生活在当时社会较为底层的纺织工人，每月偶尔到大世界消费上一两次也是可以负担的，大世界在游客定位上确实做到了大众化。②推陈出新：大世界除了传统曲艺外，还有许多来自于西方的“新鲜事物”。除了上文中所提到的“哈哈镜”，电影、西洋镜、魔术、溜冰（当时称“跑冰”）、跳舞厅、动物园、机器跑马、升高椅、摩天轮等，均为当时沪上的“时髦物件”，对于大众非常具有吸引力。③广告宣传：黄楚九的“广告攻势”可谓铺天盖地，其他不说，就连当时在大世界中表演的演员在演出到一半时，都会经常主动走下舞台，向台下观众推销与黄楚九和大世界有关的产品。用现在的话讲，黄老板在当时已经深蕴“植入广告”的门道。④奖品回馈：黄楚九十分注重对于客户的“感恩”，只要有客户在他开设的日夜银行存入5元，就可以获赠一张大世界门票。当这位客户拿着这张赠票光临大世界后，还能再获赠一包由黄楚九的香烟厂生产的小囡牌香烟。客户在得益的同时，黄楚九也为自己做了广告，可谓“双赢”。当然，黄楚九的“噱头”“滑头”当时在沪上也是家喻户晓的，已故著名滑稽表演艺术家“笑嘻嘻”老师曾讲，他以前在大世界演出的时候，里面有广告称大世界里有展出“野人”，后来大家才知道原来只是“猿猴”。如此看来，黄老板的“噱头”在很多时间其实是“言过其实”的。

除此以外，“大世界”还是戏曲界明星的孕育之地，许多戏曲表演艺术家都是在“大世界的舞台”上走向成功的，其中著名的有京剧表演艺术家“冬皇”孟小冬、沪剧表演艺术家杨飞飞、昆剧表演艺术家张铭荣、滑稽戏表演艺术家杨华生。据杨老师自己说，他在滑稽戏《七十二家房客》中所扮演的旧警察“369”这个名字的灵感就来自于“大世界”，因“大世界”三个字的笔画数分别为三画、六画和九画，故而“369”这个艺术形象也就由此而诞生了。

俗话说：“人无千日好，花无百日红。”黄楚九也有败落时。黄楚九晚年因投资失败、负债累累，再加之黄金荣等人的打击，人生最终还是以悲剧收场。

下文引用黄楚九女婿臧伯庸之孙臧增嘉先生在纪录片《“大世界”争夺战》的说法，他叙述中黄楚九败落的关键因素大致如下：

“大世界”这块“肥肉”引来了“上海滩三大亨”之一黄金荣的垂涎，在他数次试图通过各种方式“结交”黄楚九未果后，一个阴谋逐步被推上“议事日程”。

黄楚九在“大世界”获得成功后，也开始像老上海的其他大鳄巨贾一样把目光投向当时表面上繁荣依旧的地产业，为此他需要有源源不断的资金来维持这个“庞大帝国”的有效运转。前文中所提到的黄楚九名下的“日夜银行”，就是这条资金链上一个十分关键的环节。自认为有了金融后盾的支撑，黄楚九开始大胆规划起他在地产业内的梦想。

20世纪20年代末，世界经济危机爆发，沪上“楼市”被连带引发的“低迷”开启了黄楚九事业与生命终结的噩梦。而黄金荣“瞧准时机”，在唆使他的徒子徒孙事先将大笔大笔的现金存入“日夜银行”后，突然在某天进行挤兑。由于黄楚九当时的主要财力都已转移到“地产领域”且“无法脱身”，因此庞大且有预谋的挤兑浪潮在不多时后就压垮了本就“外强中干”的黄楚九，黄楚九本人于1931年病逝，他身后那个“庞大的商业帝国”同样也在顷刻间分崩离析。世人在一副挽联中叹息道，“楚楚大志，十年雄心争天下；九九归原，一双空手赴黄泉”。大世界的“黄楚九时代”至此落下帷幕。

在黄楚九之后，“大世界”的经营权归属说法有二：①曾在短时期内回到前文中所提到的张静江、张石铭家族手里，据说后来传到了张家后代张葱玉的手上，张葱玉好赌，家当在他手里被一点一点地败光。②由有“搅局大王”之称的顾无为等人经营。

而黄金荣自然不会错过这个

黄金荣

千载难逢的良机，他于不久后即以七十万两白银（或“七十万银圆”）的代价“顶”下大世界的经营权（也有说法称，黄金荣实际“一文未出”），并在“大世界”三字前加上了“荣记”二字以示“改朝换代”（有些资料中也写作“镛记”），“大世界”自此进入“黄金荣时代”。此后，黄金荣经营下的“大世界”依旧繁华热闹，但似乎多了几分乌烟瘴气。

1937年8月14日是“大世界”历史上最为黑暗的一天。就在前一天，“八一三”淞沪会战爆发，大批难民为躲避战火从四面八方进入苏州河以南的租界内寻求庇护，黄金荣经营下的大世界在此刻成为难民的收容所，外面挤满了前来避难的各地难民。

8月14日下午，“大世界”上的上空中突然出现了中国空军的身影，随之而来的是两个“小黑点”（炸弹）坠下，灾难随即发生。随着两声巨响，“大世界”周围的玻璃门板全部被震碎，“大世界”门前的路口处被炸出一个巨型弹坑，约2000余人在这次浩劫中伤亡。关于飞机炸弹坠落的原因众说纷纭，有的说是飞行员携弹计划攻击日本停泊在黄浦江苏州河一带的“出云”舰，但攻击失败后不能携弹返回，飞行员原本计划将炸弹投入黄浦江中，不想误投到了大世界门前；另一说法同样是中国飞机欲攻击日舰，但在攻击中中国飞机被击伤，炸弹架损坏不能控制，因而导致悲剧发生；另有一说法则比较具有戏剧性，起因同样是中国飞机欲攻击日舰无功而返，飞机上一位轰炸员在飞经跑马厅（现人民广场）时，看到这个赌博的场地后痛恨万分，一时情绪失控拉下投弹装置，由此酿成惨剧。

大世界（抗战全面爆发后作为临时的难民收容处）

后来大约在1942年时，“大世界”的实际产权被沪上地产大鳄孙春生家族购得（黄金荣始终只有“大世界”的“经营权”）。这位孙老板为此不惜一掷千金，开启了在大世界与黄金荣“并驾齐驱”的十余年光景。

1954年7月，上海市文化局正式接管“大世界”，并于不久后将其改名为“人民游乐场”，后于1958年1月恢复“大世界”原名。1974年10月，大世界又被改名为“上海市青年宫”直至1987年1月再次恢复原名。20世纪90年代时，“大世界”曾以“吉尼斯世界纪录挑战大赛”而红极一时，但随着时间的推移及“大世界”各项“游艺设施”的“过时”，再加上其他各种新兴游乐场所的兴起，光临“大世界”的游客越来越少，2003年，“大世界”关门歇业，这一关就是14年……

2017年3月31日，承载着无数上海人民记忆的“大世界”在经过修缮后重新开门迎客，“新大世界”定位于非物质文化遗产与民间、民俗、民族文化的传承，“大世界”从此又翻开了崭新的一页。

“大世界坠弹案”现场

大世界（摄于40年代中后期）

承载着无数上海人民记忆的“大世界”今景（摄于2017.3.18）

链接阅读

于1942年购下“大世界”实际产权的孙春生在老上海地产界也是一位不可小视的人物，以下就对他的故事做一个简要的介绍。

孙春生在华人地产领域内的崛起是极不容易的。与程谨轩、周湘云、陶如增等老牌华人地产大鳄家族不同的是，这位孙春生出生于1899年，从年龄上来看，他与公共租界1899年和法租界1914年这两次大范围的扩张毫无关系，因此利用租界扩张来带动地价的方式在孙春生这里显然是行不通的。现实注定了孙春生在迈向成功的道路上需要付出比前辈们更大的努力。孙春生是怎样一步步地在地产领域内争得一席之地的呢？笔者对于个中原因归纳了如下几点：

首先，孙春生“起点高”，他初入职便进入了一家当时的“知名地产企业”——“英商业广地产公司”工作，这家地产公司后来造就了苏州河北岸沪上建筑业“传奇”之一的“百老汇大厦”[㊀]。这一工作机会无疑给孙春生在业务学习、经验积累及广结人脉上提供了一个极其优越的平台，加之他自己的勤奋刻苦，若干年后，年仅20多岁的孙春生就已经

上海大厦（摄于2017.12.27）

㊀ 现上海大厦，1930—1934年建造，公和洋行参与设计，风格以现代派与装饰艺术风格为主，底层以暗红色花岗石贴面，其余楼层以褐色泰山面砖饰面；大楼楼高22层，从第11层起逐层收缩。百老汇大厦是那个年代与国际饭店、沙逊大厦等齐名的高楼。位于大厦18层的大平台是观赏浦江两岸景色的绝佳位置。

“积资盈万”，在地产业内开始初露锋芒。

其次，“胆识大”，“不甘为人之下”在孙春生身上体现得淋漓尽致。时间到了1925年，此时的孙春生在业广地产公司虽不能说“位高权重”，却也是“锦衣玉食”。按一般常理来说，他极有可能会选择继续为业广效力。但安于现状终究不是孙春生的风格，就在那一年，他毅然选择离开业广并创办锦兴地产公司，开始在沪上地产领域内“自立门户”。此后，孙春生为了扩充自己公司的人才队伍，还从“老东家”业广地产公司“挖走”了多名地产和建筑领域内的能手，也算是在离开前做了一件不太厚道的事。

再次，孙春生“嗅觉灵”，他有着一般常人无法比拟的“敏锐嗅觉”与“胆识魄力”。现南京西路江宁路一带于清末时曾为上海道署设立的洋务局，民国时期，该地块被出售给英国麦边洋行老板“Mc. Bain”，后一度被称为“麦边花园”。20世纪20年代初，“麦边花园”地块又被售予一家英商公司。几年后，孙春生探得该公司有意出售该地块便果断出击，周旋于该公司数位董事之间，同时积极与自己的“老东家”业广“重叙旧好”并大谈该地块开发的美好远景，最终促成了这桩买卖。据说孙春生本人在此期间净赚50万两规银，现位于威海路651号、665号的“太阳公寓”㊀就是靠着这笔收入被建造起来的。

另有一次，孙春生探知他的“老东家”业广地产公司预出售北四川路横浜桥北堍待拆旧房及地基约80多亩，再度果断出手，采用筹款、抵押等多管齐下的方式在获取该地块不久后随即转手，据说这次“斩获”100万两规银。这种带有“投机性”的“冒险精神”是孙春生叱咤沪上地产业多年的“重要法宝”之一，也是那个年代沪上地产界博弈的一个缩影。

太阳公寓（摄于2017.2.19）

㊀ 建造于1926年，由卡拉特莫尼工程顾问公司设计，原应为“孙氏公寓”，因“Sun”也可译作“太阳”，故而也被称作“太阳公寓”。公寓以装饰艺术派风格为主，平面为全封闭的周边式，外立面以深褐色面砖饰面，并在各主入口处饰有高约两层的拱券，中间还有近300平方米的庭院。

他也面临过失败。1929年世界经济危机后，经济萧条波及上海，加之后来“一·二八”等事件的影响，“沪上楼市”由此陷入低迷。孙春生在此之后不得不将自己名下的太阳公寓、锦兴大楼等转至美商中国营业公司名下。事业虽坠入低谷，但孙春生仍时刻积蓄力量以待东山再起。1937年抗战全面爆发后，大量“游资”与“难民”的涌入使得租界内的地产业再度迎来“井喷式”发展，孙春生重新组建“建隆房地产公司”并再度在地产业中闯出了自己的一片天地。其中的“点睛之笔”莫过于其购买下大世界游乐场及相邻友益里等大片土地的实际产权。

孙春生在购下“大世界”后，游乐场的经营权仍属黄金荣，并且双方达成协议：黄金荣对于游乐场建筑是不负责维修的，由此导致“大世界”在1949年后存在严重的安全隐患。人民政府为此在与孙春生多次协商后，确立了对于大世界全面整修的计划，并立刻付诸实践，也算是在客观上为人民群众做了一件实事。

太阳公寓“拱券”装饰（摄于2017.2.19）

1956年，孙春生的建隆房地产公司实行公私合营，他本人出任合营上海市房地产公司董事。18年后，孙春生病逝，享年74岁。

33. 建筑师邬达克的“成功秘诀”

番禺路129号邬达克旧居（摄于2016.4.15）

建筑地址：番禺路129号（邬达克旧居） （交通：地铁10号线/11号线“交通大学路”站下，步行约20~25分钟到达）

建筑风格与特色：英国乡村风格花园住宅，一层清水红砖墙面，门洞与窗洞处做仿石面装饰；二层以上为浅色粉墙露明深色木构架，屋面铺红色石板瓦并饰有清水红砖的烟囱。

建筑历史及相关掌故：邬达克（1893—1958，Laszlo.Hudec），1893年出生在奥匈帝国兹沃伦州（Zolyom）首府拜斯泰采巴尼亚（Besztecebanya此地现位于斯洛伐克境内）一个建筑世家，21岁毕业于匈牙利皇家约瑟夫理工大学（今为布达佩斯理工大学）建筑系。“一战”中，邬达克作为炮兵军官加入了奥匈帝国的军队，后不幸被沙俄军队俘获，送到西伯利亚的战俘集中营。1918年，25岁的邬达克从战俘营流亡到上海，开启了他在上海30年的传奇建筑师生涯。

邬达克

孙科别墅（摄于2016.11.5）

邬达克来沪后曾租住于赫德路（现常德路），吕西纳路17号“现利西路”是其为自己建造的第一处住所（现已拆）。20世纪20年代中后期，邬达克原本想在当时的哥伦比亚路22号（现番禺路）建造自己的新家，后据说为感谢孙中山之子孙科为自己在建造慕尔堂时所提供的帮助，故而将其“新家”转让给了孙科，这便是后来的“孙科别墅”。他自己则在离此不远处的哥伦比亚路57号另建新宅，即现在的番禺路129号。

关于邬达克在新宅建造中为何

如今的邬达克纪念馆（摄于2015.5.31）

会选择与之前的“孙科别墅”完全不同的英国乡村风格，时下说法较多，笔者归纳了一下主要有：①邬达克为匈牙利籍，其岳父和妻子为德国人，其岳母则出生在一个英国贵族家族，该类风格建筑除在英国外，在德国与匈牙利北方也是比较常见的，因此可能是邬达克一家的“共同喜好”；②此处为邬达克在这一时期的合作方普益地产公司的地产项目之一，在邬达克购入此地前，房屋可能已经建起大致轮廓了。如今，番禺路129号在经过修缮后已成为闻名沪上的“邬达克纪念馆”。约1937年，邬达克一家又搬到同为他自己设计的位于大西路的“达华公寓”（现延安西路达华宾馆）底层居住，直至1947年他离开上海。

无论是从当时的成就还是从后来的影响来看，邬达克在上海的成功一定是毋庸置疑的。有关于他的“成功秘诀”，笔者总结有以下几点：

1. 邬达克在沪上留下的作品极多，且其中包含着多处如“国际饭店”“大光明电影院”“武康大楼”等在老上海人记忆深处挥之不去的地标建筑，邬达克作品的“上镜频率”颇高且深入人心。

2. 邬达克在上海生活时为人低调、谨慎、少有“劣迹”。邬达克的祖国奥匈帝国在一战中是以落败而收场的，而当时的中国虽说是个弱国，但毕竟也是一战的战胜国之一，“国际地位”的不同注定了邬达克在当时沪上不可能享受与其他列强国国民一样的“特殊待遇”，低调与谨慎是邬达克在沪生活时留给他人最突出的印象。尤其是对于中国人而言，邬达克没有某些“列强侨民”身上的那种“趾高气扬”或是“劣迹斑斑”的形象，在中国人眼中似乎更有“亲和力”，这种影响一直延续到现在，为邬达克着实加分不少。

3．邬达克通过他的设计才华及迎合客户的营销策略赢得了大量优质客户的青睐。与他合作过的大型机构或组织有：

邬达克旧居会议室（摄于2017.5.20）

邬达克旧居底层走廊与楼梯（摄于2017.5.20）

万国储蓄会，主要项目：现巨鹿路近常熟路口22幢双号花园住宅、武康大楼（诺曼底公寓）、延安东路近外滩原方西马大楼（已拆）、汾阳路150号花园住宅。

普益地产公司，主要项目：现乌鲁木齐南路安亭路永嘉路一带花园住宅及小型公寓十余幢、新华路原哥伦比亚住宅圈花园住宅十余幢、虹桥路龙柏饭店内原普益地产老板雷文的别墅、现河南中路近宁波路原美丰银行大楼（该银行为普益地产老板雷文创办）。

四行储蓄会，主要项目：现四川中路汉口路口原四行储蓄会联合大楼、南京西路国际饭店。

各大教会，主要项目：现上海市第三女子中学内原中西女中“兰柏—克洛普顿楼”和“莲吉生楼”（现“五一楼”与“五四楼”）、西藏中路原慕尔堂（上两处项目都与基督教美国南方监理会有关）、延安西路华山路口原德国新福音教堂、现外滩源广学真光姊妹楼、现长乐路向明中学内原震旦女子文理学院、现眉州路长城饭店原圣心女子职业学校。

值得一提的是，邬达克原本还曾获得过在代表当时上海最高建筑水准的外滩地块设计建造摩天大楼的机会，后由于各种原因而没能付诸实践，让人颇感遗憾。

4．邬达克能走高端路线。从

“何东别墅”到“爱神花园”，从“孙科别墅”到“斜桥弄巨厦”，从“大光明”到“绿房子”，邬达克的客户圈遍布当时沪上的“政商两界”。他的广泛人脉也是他在上海能收获成功一个重要“砝码”。当然还需提及的是，从现已出版的一些有关邬达克的专业书籍内容来看，他所谓的“高端路线”决不可片面地理解为“攀龙附凤”。同时，他也从未给曾从事过鸦片贸易的沙逊和哈同两大地产商设计过任何建筑作品。

5．邬达克有一颗能帮助他人的恻隐之心，其在二战后期曾利用自己“匈牙利领事”的特殊身份救助过许多犹太难民，是又一位名副其实的“辛德勒”。

笔者眼中的邬达克有“狭义”与“广义”两个层面，“狭义”的邬达克所涉领域有限，主要是指他的人生经历及他所设计的那些建筑作品，这些现在已被我们提及得太多；而广义的邬达克则永无止境，通过邬达克这把钥匙，实则能打开并延伸至当时上海乃至世界历史文化的诸多领域，意义非凡。读同样的故事多了可能会厌倦，而透过故事品历史或许能获取不一样的发现。我自己更喜欢通过后一种方式去了解邬达克。

邬达克旧居顶层（摄于2017.5.20）

邬达克旧居花园（摄于2015.12.26）

链接阅读

以下再为大家简要介绍几处邬达克在上海的建筑作品：

瑞金大楼：瑞金一路150号（近淮海中路），原名“爱司公寓”，据同济大学出版社《邬达克》书中介绍，由犹太商人“Alberto Cohen”创办的地产公司“China Realty Company Development Agency”于1926—1927年投资建造，以西班牙风格为主，并融合了文艺复兴及巴洛克风格等元素。

与当今多数商品房不同的是，那个时代上海的许多“中高档楼盘”在建成后就是配有诸多日常生

瑞金大楼（一）（摄于2016.10.2）

瑞金大楼（二）（摄于2015.9.3）

活所需用品的，“爱司公寓”就是这类“楼盘”的典型，大到衣橱、冰箱、熨衣板、垃圾焚化炉等，小到餐具、衣架、拉杆等，在爱司公寓内皆应有尽有。公寓最初的主要住户以西方侨民为主，随着1950年公寓门前的马路改名“瑞金一路”后，“爱司公寓”也随之改名为“瑞金大楼”。“上海电影家协会”的前身“上海电影工作者联谊会”于1957年12月22日在“瑞金大楼”内成立。曾开设于大楼底层的“大方绸布店”是淮海中路上十分知名的绸布店，与金龙绸布店齐名，承载着那个年代无数上海人的回忆。

华东医院老干部病房楼：位于延安西路221号，据同济大学出版社《邬达克》一书中介绍，原为由侨民“Charles Rayner”以“匿名身份”捐资建造的“宏恩医院”，大楼于1923—1926年建造，以意大利文艺复兴风格为主，是邬达克离开克利洋行“单飞”后所完成的第一个重要作品。医院建成后以其医疗设备先进及环境优越等优势而被誉为“远东最好的医院”。著名作家巴金一生的最后时光便是在这个医院里度过的。

交通大学工程馆：位于华山路1954号，1931年建造，以装饰艺术派风格为主，并融合有哥特风格等元素。交通大学起源于1896年创办的南洋公学与山海关北洋铁路官学堂，于1921年集合多所学校改组成“交通大学”。

孙中山之子孙科曾于1928年出任交通大学校长，因邬达克将为自己建造的住所转让给孙科的缘故，孙科对于这位外籍建筑师信任有加并邀请他参与了交通大学的扩

华东医院（一）（摄于2016.1.8）

华东医院（二）（摄于2016.1.8）

交大工程馆（一）（摄于2017.2.2）

交大工程馆（二）（摄于2017.2.2）

建规划，工程馆即是邬达克在此期间为交大设计的建筑作品。交通大学作为一所名校，曾培养出很多知名的校友。

绿房子，位于铜仁路333号，原为老上海颜料富商吴同文（“颜料大王”贝润生女婿）私宅，以现代主义风格为主，1935—1938年建造，邬达克巅峰之作。因吴同文以军绿色颜料致富，故其外立面和围墙均采用军绿色釉面砖。该住宅的装饰与配置极其豪华，小舞厅安装有弹簧地板，露台和花园间有弧形大楼梯，宅内还安装有当时上海第一部私宅电梯并配有自行发电装置。邬达克曾说，这个建筑再过

绿房子外景（摄于2016.1.2）

绿房子的私宅电梯和楼梯间（摄于2014.9.14）

五十年，哪怕再过一百年，都不会过时。

联华公寓：位于北京西路1341—1383号、铜仁路304—330号、南阳路208—228号，共有三排，原名“爱文公寓”（北京西路旧称“爱文义路”），以现代主义风格为主，1931—1932年建造。

1942年，由大陆银行董事兼总经理谈公远、金融界人士叶扶霄和沈籁清、瞿季刚、会计师徐永祚、陈述昆等人发起并与邬达克合作组建的联华房地产公司成为“爱文公寓”的业主，于是公寓改名为“联华公寓”至今。

联华公寓（一）（摄于2016.2.9）

联华公寓（二）（摄于2016.2.9）

34. 面粉、棉纱“双料大王”荣氏兄弟的故事

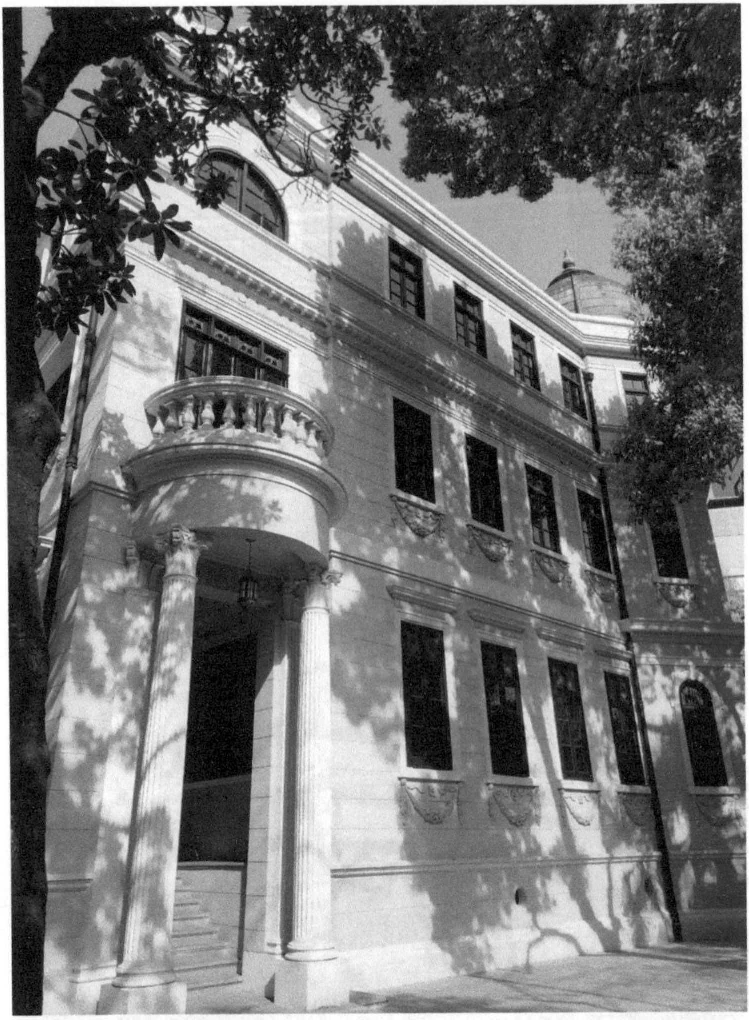

陕西北路荣宅（摄于2018.3.31）

建筑地址：陕西北路186号（交通：地铁2号线/12号线/13号线“南京西路”站下，步行约10~15分钟）

建筑风格与特色：折中主义风格花园住宅，南立面设两层列柱敞廊（底层为陶立克柱式、二层为爱奥尼柱式），具有法国古典主义特征。住宅内部的木质雕花与彩色玻璃是荣宅最大的看点。荣宅内的很多房间及楼道均装有柚木制成的且雕有精美花纹的护墙板，其中的花饰有源自于古希腊古罗马的“垂坠花环”和“齿状扁豆”，有源于伊斯兰文化的“缠绕枝藤”与“枝叶花卉”，还有中西文化相结合的“田园风光”与“祥瑞图案”，整体风格“亦中亦西”。

陕西北路荣宅（底层列柱敞廊）
（摄于2018.3.31）

陕西北路荣宅（走廊和楼梯）
（摄于2018.3.31）

荣宅内的彩色玻璃也有颇多看点，如位于宴会大厅顶部的一大片彩色玻璃，以几何花卉图案为中心，水晶状的射线向四面发散，形成类似旭日形状的纹饰，让人观后极具震撼感；又如位于底层走廊上方约15平方米的整片彩色玻璃，其在运用多种几何图案拼接的同时，还以葡萄藤等传统植物装饰来作为点缀，使人观后流连忘返。在荣宅各处还能零星寻觅到带有以“旭日东升”“棉花”（象征荣家的棉纺生意）、“江南风景”（据

陕西北路荣宅（宴会大厅上方的彩色玻璃）
（摄于2017.11.5）

说是荣氏兄弟无锡老家的风景）等来作为装饰图案的彩色玻璃，每处图案都有故事，因此，对于荣宅“景致”的欣赏可谓永无止境。

建筑历史及相关掌故： 荣宗敬、荣德生出生在无锡荣巷，他们的祖父荣锡畴和父亲荣熙泰虽非“大富大贵”之人，却也并非“庸庸碌碌”之辈，而他们的父亲荣熙泰在广东闯荡的经历直接影响了兄弟二人日后的“从商道路”。

荣氏兄弟二人早年在上海都是学徒出身，曾投身过“钱庄业”，弟弟荣德生还一度到过广州协助其父荣熙泰的工作。“面粉业”是使荣氏兄弟首先品尝到“致富滋味”

陕西北路荣宅中走廊上方的彩色玻璃（摄于2018.3.31）

陕西北路荣宅中带有“旭日东升”图案的彩色玻璃（摄于2018.3.31）

陕西北路荣宅中带有“棉花”图案的彩色玻璃（摄于2017.11.5）

陕西北路荣宅中带有“江南风景”的彩色玻璃（摄于2018.3.31）

荣宗敬与荣德生

王尧臣与王禹卿

的支柱产业。19世纪末20世纪初的中国北方，社会动荡、战争频繁，严重影响了北方的农业生产，面粉作为北方人和外国人们所必备的口粮，在供应上也受战乱影响而显得捉襟见肘起来，这在无形之中为南方本土面粉业的发展提供了难得的机遇。在安徽孙多森、孙多鑫兄弟的“阜丰面粉厂”顺势崛起的四年后，荣氏兄弟也迎头赶上，于1902年与他人合资在无锡开办起了荣氏家族历史上第一家面粉厂——“保兴面粉厂”（后来改为“茂新面粉厂”），该厂在熬过1909—1910年的“橡皮股票风潮”㊀后，通过改建厂房、更新机器等方式使得业务迅速发展，这为后来荣氏兄弟的“飞黄腾达”奠定下了坚实的基础。

“福新面粉厂”是荣氏兄弟自茂新面粉厂后，于1912—1914年与他人合资在上海创办的又一家具有一定影响力的面粉厂。说起它的创办还有一段故事。原在茂新面粉厂担任“销粉主任”的王禹卿本想脱离茂新“另起炉灶”，此事被荣宗敬知晓后极力挽留，并决定出资与王禹卿合作办厂，新厂定名为“福新”。因荣氏兄弟出资最多，所以荣宗敬出任总经理，王禹卿的兄长王尧臣出任经理，另一主要投资人浦文渭出任协理。需要指出的是，“福新”虽名义上是“荣氏企业”，但实际多为王禹卿操持。可以说，“荣氏兄弟”的发家道路上离不开“王氏兄弟”的鼎力相助。

就在荣氏兄弟在面粉业“初尝甜头”的同时，他们也迈出了进军“棉纱业”的脚步。与荣家有关联的“棉纱企业”前有“振新纱厂”（后荣氏兄弟因与振新部分股东不合而退出），后有“申新纱厂”，

㊀ 发生在1910年前后，上海的橡胶公司股票炒卖行为及其导致的经济危机，并最终导致多地的钱庄大规模倒闭。——编者注

光复路原福新面粉一厂厂房和仓库（摄于2018.4.6）

其中以“申新”最为大家所熟知，为荣氏企业的代表。

申新纱厂创办于1915年，厂址设在现长宁区的周家桥地区。关于这个厂址的选定，其中也有一段故事。据朱龙湛《荣氏兄弟和申新一厂》一文中所介绍，因为荣德生信奉风水，有一日他在《杨公堪舆记》上看到“吴淞九曲出明堂”一句，便认为从吴淞江入口处经过第九个弯曲的地方是“风水宝地”，于是“测算”后就选定在了周家桥地区，后经无锡老乡、著名的张氏味莼园主人张鸿禄（张叔和）从中撮合后，在该地区成功购地建厂（其中荣氏兄投资占比55%，张鸿禄投资占比25%，其余20%为中小股东投资），由此开启了荣氏兄弟黄金时代的序幕。荣氏兄弟早年受张鸿禄关照甚多，上文讲述到的陕

陕西北路荣宅的木制楼梯与彩色地砖（摄于2018.3.31）

陕西北路荣宅中带有垂坠花环和枝叶花卉图案护墙板（摄于2017.10.21）

陕西北路荣宅北会客厅中的保险箱（摄于2018.3.31）

西北路荣氏老宅也是经张鸿禄从中周旋后才被荣宗敬购入的。荣宗敬购入此宅后，又对其进行了改扩建，这才有了后来的宏大规模。

关于荣氏兄弟能够致富的原因，笔者总结为“紧抓机遇”与“大胆超前”这八个字。1914—1918年，“一战”烽火燃遍欧洲大陆，西方列强不仅“无暇东顾”，很多产品还需要大量依靠进口，这就给了荣氏兄弟千载难逢的发展良机。正是在这几年中，荣氏企业的产品不仅畅销国内，更是远销海外，巨大的利润使得荣氏兄弟仿佛插上了极速致富的翅膀，从而“一飞不可收拾”。面对突如其来的财富，荣氏兄弟清醒地认识到，“一战”带来的“利好”不可能永久地持续下去，外国人总还是要回来的，因此必须在这段宝贵的时间内迅速增强自身实力以应对今后更为激烈残酷的商场搏杀。于是荣氏兄弟在王氏兄弟等人的帮助下，开始逐步加快办厂步伐。荣宗敬与弟弟荣德生相比，作为兄长的荣宗敬在经营思路上更具“开拓冒险”精神，他果断采用“抵押贷款”的方式——“开办新厂后抵押掉再办新厂”，以此周而复始并给各厂配以先进的生产机器。这种看似极度冒险的方式在那个特殊的年代中成了荣氏兄弟的“商业帝国”极速膨胀的重要法宝。用他们自己的话来说就是：“造厂力求其快，设备力求其新，开工力求其足，扩展力求其多。”功夫不负有心人，至20世纪20年代中期，荣氏兄弟

陕西北路荣宅（彩色玻璃与走廊）
（摄于2018.3.31）

延安东路原华商纱布交易所大楼
（摄于2018.4.5）

在“棉纱”和“面粉”两个领域内都占居全国首位，由此成为名副其实的“棉纱大王”与“面粉大王”。

荣氏兄弟在经营“面粉和棉纱”生意的同时，还通过大举涉足当时的“纱交”及“面交”（即参与相关交易所的投机活动）来扩大收益，现位于延安东路260号（原爱多亚路）的上海自然博物馆旧址原来即是上海滩闻名遐迩的“华商纱布交易所大楼”。该交易所由荣宗敬、穆藕初等人联合当时沪上纺织业人士于1921年成立。位于爱多亚路上的交易所大楼由通和洋行设计，于1923年竣工，整个建筑以新古典主义风格为主，主立面通过“腰线”将大楼划分成三段，中轴线的上部设计成三角形楣并饰有山花装饰，西南角顶部建有穹顶塔楼，荣宗敬在致力于实业的同时也有着热衷于“投机”的另一面：他是交易所中的常客，也曾一度是交易所中的风向标。不过，他在交易所的名声引来了杜月笙的目光，在杜月笙涉足交易所后，荣老板在交易所中的地位便有所动摇。

俗话说：打天下难，守天下更难。荣宗敬原本那套“开拓冒险”的经营理念到了20世纪30年代后，随着时局的变化，也开始逐步显现出弊端。

1929年世界经济危机爆发后，西方国家为摆脱危机阴影而大量向中国倾销他们的剩余产品，这对国货形成了严重的威胁；1931年“九一八”事变后，东北的迅速沦陷对于实业家们而言也就意味着东北市场的丧失；1932年“一·二八”事变后的战争烽火更是使得沪上各界一度萧条……连续不断传来的坏消息并没有使荣宗敬的经营策略“应时而变”，他依旧维持着原来那一套“开拓冒险”的经营理念，尤其在“抵押贷款”等做法上更是没有实质性的收敛，上述种种不利因素综合在一起，终于使“申新”这个昔日荣氏企业中的“龙头老大”于1934年险些“自毁前程”。

1934年年初，“花贵纱贱”的局面迟迟得不到改观，就连中国银行和上海商业储蓄银行这两家以往与荣家关系最好的银行也不得不向“申新”关上了贷款的大门。此刻的荣氏家族可谓“风雨飘摇”。荣宗敬自己对于当时的情形曾这样描述到：“无日不在愁城惨雾之中。花贵纱贱，不敷成本；织纱成布，布价亦仅及纱价；销路不动，存货山积。昔日市况不振之际，稍肯牺牲，犹可活动，今则纱布愈多，越无销路，乃至无可牺牲，盖自办纱厂以来，未有如今年这痛苦者也。”荣宗敬在愁云惨淡中辞去了“茂福申三新”总经理一职，改由更为老练持重王禹卿前来救火。王禹卿继任后通过多方周旋，情况虽有改观，但毕竟积弊已久，“申新”依旧前途未卜。

“申新”的困境引来了当时国

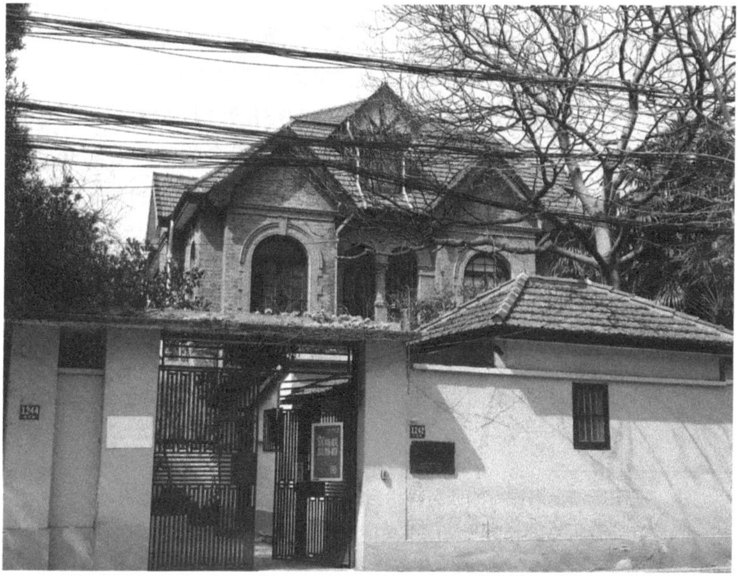

长乐路荣德生旧居（摄于2017.4.2）

高安路荣德生旧居（现徐汇区少年宫）
（摄于2014.10.19）

民政府大员们的关注，他们的目的当然不是在施以援手，而是趁火打劫。他们在一份《申新纺织公司调查报告书》中有意贬低“申新”的价值，以此来实现他们企图“吞并申新”的计划。正在此危难关头，作为昔日好友的上海商业储蓄银行老板陈光甫出手了。陈光甫在授意其下属对政府大员们一番“说辞”㊀后，大员们的吞并计划戛然而止㊁，“申新”就此逃过一劫，继续在艰难中摸索前进。

正所谓“屋漏偏逢连天雨”，稍有休整喘息之机的荣氏各企业在不久后又遇上了“八一三”淞沪会战，因其各厂多位于当时上海的“华界”，故而大多都遭受了非常严重的损失。仍以“申新”为例，据朱龙湛《荣氏兄弟和申新一厂》一文中所述，战争发生后，位于周家桥一带的申新一厂和八厂原本已停工并将职工疏散回乡，谁知厂内管理方错误地估计了形式，认为从四面八方驰援而来的各路国军足以抵挡日军的进攻，战争可能会像“一·二八”事变那样，只是一场局部战争，故而又将回乡避难的职工部分召回并决定复工。但1937年10月27日，日军数架轰炸机在飞过“申新”一厂和八厂上空并投下数颗千磅炸弹后，又飞来数架战斗机进行低空扫射，由此造成约400余人伤亡，给“申新”造成了无法挽回的损失。而噩梦远未结束，轰炸过后，位于“申新”一旁的日商丰田纱厂又来“巧取豪夺”，将“申新”占为己有，荣氏企业因此更是雪上加霜。

1938年1月4日，不愿背负“汉奸”骂名的荣宗敬离开上海和他居住了近20年的荣宅前往香港。在港期间，荣先生因过度焦虑而一病不起，不幸于当年2月9日在港病逝，一代“实业巨子”的一生至此落下帷幕，荣氏家族此后开始了由荣德生和荣鸿元（荣宗敬长

㊀ 把申新借上海银行的债务转给当时拥有钞票发行权的中国银行。

㊁ 笔者分析，陈光甫此次出手关键的原因在于，国民政府在20世纪30年代经济改革中与“江浙财阀”所产生的矛盾，以及“江浙财阀”对于自身利益的维护。

子）叔侄共同主持的时代。荣德生也是一位“爱国实业家”，1942年，他面对着日伪人员的威逼利诱不为所动，屡次严词拒绝日企企图收买申新的无理要求。荣德生曾十分愤慨地说道：“……如要继续占用，何需申新让售？我是中国人，决不把中国产业卖给外国人!”由于当时“申新”采用的是无限公司的运营模式，只要有一个股东不同意，“申新”的产权就无法获得变更，因此面对着荣德生的坚持，日伪人员也无可奈何，只得对“申新”实施强行占有。

陕西北路荣宅（荣宗敬卧室内的壁炉）（摄于2018.3.31）

抗战胜利后，原本想“重整旗鼓”的荣氏家族在遇到“荣德生被绑”与“荣鸿元被关”两件事后，发展计划再度搁浅，他们中的大多数人也因此对于南京国民政府丧失了信心。“荣德生被绑”一事很多人都比较熟悉，后来荣家因此事被特务头子毛森以“破案”为由“敲诈”了至少数十万美元，荣德生曾为此而感叹：“呜呼！天下无公道久矣。”“荣鸿元被关”主要是因当时南京国民政府在上海为整顿经济而起，荣鸿元因“私套外汇罪”被关押了整整77天。期间，荣家上下各路人马为营救纷纷出动，上下打点的钱财至少也有数十万美元之巨。在营救中，时任特刑庭庭长的王震南是荣家打点的主要对象，王震南在与荣家人间接或直接的接触中，也是“贪得无厌、敛财无数”。荣鸿元获释后心灰意冷，后离开国内辗转去了巴西定居，其他荣氏成员出走者也为数不少。

陕西北路荣宅（外立面）（摄于2018.3.31）

参考文献

[1] 熊月之. 老上海名人名事名物大观[M]. 上海：上海人民出版社，1997.

[2] 伍江. 上海百年建筑史1840—1949（第二版）[M]. 2版. 上海：同济大学出版社，2008.

[3] 薛理勇. 上海掌故词典[M]. 上海：上海辞书出版社，1999.

[4]《20世纪上海文史资料文库》编委会. 20世纪上海文史资料文库（工业交通卷）[M]. 上海：上海书店出版社，1999.

[5]《20世纪上海文史资料文库》编委会. 20世纪上海文史资料文库（商业贸易卷）[M]. 上海：上海书店出版社，1999.

[6]《20世纪上海文史资料文库》编委会. 20世纪上海文史资料文库（财政金融卷）[M]. 上海：上海书店出版社，1999.

[7]《20世纪上海文史资料文库》编委会. 20世纪上海文史资料文库（教育科技卷）[M]. 上海：上海书店出版社，1999.

[8] 上海市政协文史资料工作委员会. 旧上海的外商与买办[M]. 上海：上海人民出版社，1987.

[9] 上海市政协文史资料工作委员会. 旧上海的金融界[M]. 上海：上海人民出版社，1988.

[10] 上海市政协文史资料工作委员会. 旧上海的房地产经营[M]. 上海：上海人民出版社，1990.

[11]《上海百年名楼·名宅》编撰委员会. 上海百年名楼.名宅[M]. 北京：光明日报出版社，2006.

[12] 承载，吴健熙. 老上海百业指南——道路机构厂商住宅分布图[M]. 上海：上海社会科学院出版社，2008.

[13] 潘光，王健. 一个半世纪以来的上海犹太人[M]. 北京：社会科学文献出版社，2002.

[14] 常青. 大都会从这里开始——上海南京路外滩段研究[M]. 上海：同济大学出版社，2005.

[15] 常青. 都市遗产的保护与再生——聚焦外滩[M]. 上海：同济大学出

版社，2009.
[16] 菊池敏夫. 近代上海的百货公司与都市文化[M]. 陈祖恩，译. 上海：上海人民出版社，2012.
[17] 吴志伟. 上海租界研究[M]. 上海：学林出版社，2012.
[18] 娄承浩，薛顺生. 老上海经典建筑[M]. 上海：同济大学出版社，2002.
[19] 薛顺生，娄承浩. 老上海经典公寓[M]. 上海：同济大学出版社，2005.
[20] 宋路霞. 上海望族[M]. 上海：文汇出版社，2008.
[21] 黄国新，沈福煦. 老建筑的趣闻——上海近代公共建筑史话[M]. 上海：同济大学出版社，2005.
[22] 薛理勇. 老上海房地产大鳄[M]. 上海：上海书店出版社，2014.
[23] 薛理勇. 老上海公馆名宅[M]. 上海：上海书店出版社，2014.
[24] 薛理勇. 老上海高楼广厦[M]. 上海：上海书店出版社，2014.
[25] 薛理勇. 老上海娱乐游艺[M]. 上海：上海书店出版社，2014.
[26] 章正元. 静安文博钩沉[M]. 上海：上海书画出版社，2011.
[27] 薛理勇. 西风落叶——海上教会机构寻踪[M]. 上海：同济大学出版社，2017.
[28] 上海市长宁区地名委员会，长宁区规划和土地管理局. 西区纪事—长宁地名寻踪[M]. 上海：同济大学出版社，2010.
[29] 许国兴，祖建平，胡远杰. 老城厢——上海城市之根[M]. 上海：同济大学出版社，2011.
[30] 上海市黄浦区档案局（馆）. 印象·八仙桥[M]. 上海：同济大学出版社，2016.
[31] 上海市第三女子中学，徐永初，陈瑾瑜. 圣玛利亚女校（1881—1952）[M]. 上海：同济大学出版社，2014.
[32] 中西女中校史编写组，陈瑾瑜. 中西女中（1892—1952）[M]. 上海：同济大学出版社，2016.
[33] 汤涛. 王伯群与大夏大学[M]. 上海：上海人民出版社，2015.
[34] 上海市静安区文物史料馆. 海上第一名园——张园[M]. 上海：上海社会科学院出版社，2012.
[35] 上海市静安区文史馆，上海石库门文化研究中心. 张园记忆[M]. 上海：上海文化出版社，2017.

[36] 张长根. 走近老房子——上海长宁近代建筑鉴赏[M]. 上海：同济大学出版社，2004.
[37] 卢卡·彭切里尼，尤利娅·切伊迪. 邬达克[M]. 华霞虹，乔争月，译. 上海：同济大学出版社，2013.
[38] 华霞虹，乔争月. 上海邬达克建筑地图[M]. 上海：同济大学出版社，2013.
[39] 曹可凡，宋路霞. 蠡园惊梦[M]. 上海：上海交通大学出版社，2015.
[40] 王细荣. 从中法国立通惠工商学校到私立中法高工——上海法租界内一所校园的风雨弦歌[J]. 上海法租界史研究(第二辑). 上海：上海社会科学院出版社，2017. 91-106.